W0002298

WOLFRAM ZU MONDFELD

DAS PIRATENKOCHBUCH

WOLFRAM ZU MONDFELD

DAS PIRATEN KOCH-BUCH

Genehmigte Lizenzausgabe für KOMET MA-Service und
Verlagsgesellschaft mbH, Frechen

Illustrationen: Martin Andersch, Hamburg, unter Verwendung historischer Motive für die Illustrationen.
Trotz intensiver Recherche konnte der Rechteinhaber des Bildes auf dem Umschlag nicht ermittelt werden. Wir bitten darum, sich ggf. an den Verlag zu wenden.
Umschlaggestaltung: Kölner Grafik Büro, Köln

Gesamtherstellung: KOMET MA-Service und
Verlagsgesellschaft mbH, Frechen

ISBN: 3-89836-157-8

INHALT

EINFÜHRUNG

»Krieg, Handel und Piraterie, dreieinig sind sie, nicht zu trennen.« sagt Goethe im Zweiten Teil seines »Faust«, und tatsächlich hatte dieser Satz über rund drei Jahrtausende seine Berechtigung.

Das Bild des Piraten im allgemeinen Bewußtsein haben reißerisch aufgemachte Abenteuerbücher, Comics, Groschenheftchen, einschlägige Filme und Fernsehserien geprägt, die Mehrzahl der historischen Piraten hätte Figuren, wie sie da geschildert werden, nicht einmal mit der Feuerzange angefaßt.

Gewiß, es gibt ein paar Charakterzüge, die allen Freibeutern, von den kleinsten und schäbigsten bis zu den größten und berühmtesten, gemeinsam waren: Ein guter Schuß Verwegenheit und Abenteuerlust, ein gefährlicher Beruf, aus dem sie das Schlechteste, aber auch das Beste machen konnten. Doch damit hört die Gemeinsamkeit schon auf. Der Reigen der Piraten reicht vom plumpen Rohling bis zum eleganten Weltmann und blasierten Aristokraten, vom kleinen Banditen bis zum Admiral und Schöpfer einer Flotte, vom Besitzer einer winzigen Schaluppe bis zum Kommandanten eines 70-Kanonenschiffes, vom haltlosen Spieler bis zum rechtschaffenen Bürger und zum verschrobenen Heiligen, vom Analphabeten bis zum Forscher, Wissenschaftler und Universitätsdozenten, vom zerlumpten Dieb bis zum Advokaten und Richter, vom jämmerlichen Habenichts bis zum millionenschweren Reeder, vom skrupellosen Verbrecher bis zum Sozialreformer und gefeierten Freiheitskämpfer.

Drei Jahrtausende haben sie das Bild unserer Welt und unserer Geschichte oft entscheidend mitbestimmt. Piraten, daran ist kein Zweifel möglich, waren eine militärische Macht, eine wirtschaftliche Macht und daher zwangsläufig eine politische Macht.

Eine Flut von Literatur hat sich seit Jahrhunderten dieses Themas bemächtigt. Eine Reihe wissenschaftlich fundierter Bücher oder Neuausgaben von Originaldokumenten hat sich bemüht, der Freibeuterei in all ihren Spielarten auf den Grund zu gehen, doch wie auch in nahezu allen anderen Werken, die sich mit der mehr oder minder Christlichen Seefahrt beschäftigen, hat sich offenbar kaum je ein Mensch Gedanken darüber gemacht, wie diese Männer lebten, was sie aßen und tranken. Von steinhartem Schiffszwieback, Pökel-

fleisch, Rum und fauligem Wasser hat zwar jeder, der sich ein bißchen mit der Geschichte der Seefahrt beschäftigt, schon etwas gehört, auch von Skorbut, jener berüchtigten Mangelkrankheit, die durch fehlendes Frischgemüse und Frischobst zur »Geißel der Seefahrt« wurde, doch damit enden einschlägige Kenntnisse in der Regel.
So war es wohl durchaus an der Zeit, einmal ein Buch auch diesem Thema zu widmen.
Als ich vor Jahren spaßeshalber anfing, »Piratenrezepte« zu sammeln, dachte ich, ich würde schon so auf zwei bis drei Dutzend kommen – und war bald verblüfft, in welch ungeheurer Fülle sich bis in die Antike zurück die Kochkünste der Piraten und Seefahrer exakt belegen und am heimischen Herd nachvollziehen lassen. Die rund 150 Rezepte dieses Buches sind nur ein Teil dessen, was ich gefunden habe, aber, wie ich hoffe, der interessanteste und wohlschmeckendste.

Hofhegnenberg, im Frühjahr 1994

DIE REZEPTE

Bei einem »normalen« Kochbuch ist die Frage, aus welchen Quellen die Rezepte stammen, ziemlich überflüssig.
Bei einem Kochbuch wie diesem freilich mag ein Blick auf die Quellen durchaus interessant sein.
Es handelt sich dabei um folgende Gruppen:
Einmal um exakt überlieferte, genau beschriebene Originalrezepte, wie sie etwa Homer, der Römer Apicius, der ungenannte Chronist der Kochwettbewerbe um Azor Kheyr-ed-Din, das ebenso namenlose Stadtschreiberlein aus Dieppe, der das Kartoffel-Bankett der Angos aufzeichnete, der Boucannier-Schiffsgeistliche Jean-Baptiste Labat oder der Korsarenkapitän Maurice de Kérazan überliefert haben.
Ferner gibt es jene Gruppe von Rezepten, die zwar nicht beschrieben, jedoch namentlich genannt werden, etwa »Paëlla«, »Labskaus«, »Pizza Pescatore« oder »Dung Gu Tzao Dan« oder »Hamburger Aaltopf«, Gerichte, die vielfach heute noch nach dem kaum veränderten alten Rezept gekocht werden und von denen manche als »Nationalgerichte« in die Volksküche eingegangen sind.
Eine weitere Gruppe von Rezepten bilden jene, deren Rezeptur zwar nicht überliefert ist, sehr wohl aber die wesentlichen Ingredienzien. Wenn es da beispielsweise heißt: »Gesulzen Fleisch (eingesalzenes Fleisch = Pökelfleisch) und Rüben wird angerichdt mit allerlei Essig und scharfem Pfeffer, so aus der Mül gemalet wird«, so kann es sich strenggenommen nur um »Hamburger Plockfinken« handeln.
Schließlich gibt es jene Rezepte, die nie erwähnt und trotzdem mit absoluter Sicherheit gekocht wurden. »Tzao Fen« etwa, gebratener Reis, jene sprichwörtliche »Handvoll Reis« des Chinesen, die so selbstverständlich war und ist, daß sie einer Erwähnung nicht bedurfte. Oder auch jene Gerichte, die sich aus historisch verbürgten Materialien und aus »Nationalrezepten« ergeben wie beispielsweise »Süßes Pökelfleisch«.

Da dieses Buch nicht nur eine historische Dokumentation sein, sondern auch durchaus praktische Kochanleitungen bieten will, habe ich die Rezepte – eher minder als mehr, jedoch immerhin – den Bedürfnissen unseres heutigen Gaumens einigermaßen angepaßt, die Originalrezepturen jedoch oft zusätzlich beigefügt. Wer sie ausprobieren möchte, tut dies dann allerdings auf eigene Ge-

fahr, etwa Pfeffersoße zum »Boucannier-Schwein« oder »Feuriger Kakao« nach dem Rezept Laurent de Graafs.

Abkürzungen:
EL = Eßlöffel
TL = Teelöffel
Msp = Messerspitze

Hierbei ist es übrigens völlig unerheblich, ob ein Teelöffel nun gehäuft oder flachgestrichen ist, wichtig ist eigentlich nur, daß die Mengenverhältnisse untereinander gewahrt bleiben; man sollte sich überhaupt nie sklavisch an eine Rezeptvorschrift klammern, sondern ruhig seinem individuellen Geschmacksempfinden folgen, ein Grund, weshalb ich, zumal bei Salz, Mengenangaben mitunter bewußt weggelassen habe, da hier die persönlichen Geschmacksrichtungen allzu weit divergieren.

Zum Einkauf der entsprechenden Zutaten sei vielleicht noch dies gesagt:

Ich habe mich bemüht, die Rezepte so auszuwählen, daß Sie die Zutaten in einem einigermaßen gut sortierten Lebensmittelgeschäft erhalten werden. Natürlich hat das Grenzen. Bei indischen, chinesischen und auch manchen karibischen Rezepten wird Ihnen der Weg in ein gutes Feinkostgeschäft nicht erspart bleiben, und auch bei den zahlreichen Fischgerichten werden Sie um ein gutes Fischgeschäft wohl nicht herumkommen.

Grundsätzlich habe ich in meinen Rezepten jegliche Konserven vermieden – mit Ausnahme natürlich jener historischen »Originalkonserven« wie Pökelfleisch oder getrocknete Hülsenfrüchte beispielsweise. Das heißt natürlich nicht, daß Sie keinerlei Konserven verwenden dürfen; bei manchen exotischen Zutaten werden Sie gar keine andere Wahl haben, aber bedenken Sie auch dies: ein Champignon aus der Büchse schmeckt nun einmal nicht wie ein frischer Champignon, und ein Tiefkühlhähnchen ist – eben ein Tiefkühlhähnchen und kein frisches...

Alle Rezepte sind, falls nicht anders angegeben, für 4 Personen berechnet.

DIE HELDEN-PIRATEN DER ANTIKE

Ab 1800 v. Chr. wanderten, von der Ostseeküste kommend, die Volksstämme der Achäer, Dorer und Jonier in den Mittelmeerraum und setzten sich in Griechenland fest. Es waren wilde, rauflustige Völker, lernwillig und mit schneller Auffassungsgabe, wirtschaftlich arm, doch mit dem festen Vorsatz, reich zu werden, hervorragende Seefahrer, und da sie dem Tauschhandel wenig zu bieten hatten, nahmen sie sich eben, was ihnen gefiel.

»Unterschiedlich ergeht sich die Neigung verschiedener Männer, mich nur drängte es immer an Bord und zu stürmischer Seefahrt. Ehe noch die Griechen gewaltig ausreisten nach Troja, fuhr ich schon neunmal zur See, Schiff und Mannschaft befehligte ich und ergriff reichlich Beute, schöpfte mir das Beste vorweg, ließ den Rest dann verlosen, kriegte auch dabei mein Teil noch; so schwoll mir rasch Gut und Habe.«

Mit den Griechen begann die Geschichte der Piraterie.

Jason aus Jolkos

Er war ein brillanter Seemann, daran ist nicht zu rütteln, doch was seinen Charakter anbelangt, so dürfte der kalte, habgierige Egoist, wie ihn Euripides schilderte, entschieden eher der Wahrheit entsprechen als der »herrliche Jüngling«, den Pindar besang.

Man hat die Geschichte nachträglich kräftig poliert, doch trotz bestem Willen und prominenter Schiffsbesatzung – darunter Peleus (Vater des Achilleus), Telamon (Vater des Aias), die Dioskuren Kastor und Polydeukes, der Sänger Orpheus und der große Asklepios als Bordarzt – war die Fahrt der *Argo* nach Kolchis und der Raub des Goldenen Vlieses ein Piratenunternehmen reinsten Wassers, und nicht einmal ein besonders heroisches, denn Jason klaute das gute Stück eines Nachts mit Hilfe der Königstochter Medeia, die er sich durch ein Eheversprechen gefügig gemacht hatte, ehe er sich eiligst nach Korinth absetzte. Sein Versuch, Medeia abzuschieben, als ihm die Hand der Tochter König Kreons angeboten wurde, und die fürchterliche Rache der ver-

IASON
ACHILLEUS
ODYSSEUS

schmähten Kolcherin, der der König, seine Tochter und ihre beiden Söhne mit Jason zum Opfer fielen, ist bekannt genug.
Unbestritten bleibt Jason der Ruhm des großen Seefahrers und des ersten namhaften Piraten der Geschichte. Sein Ende war würdiger als manche seiner Taten: Während er im Schatten der *Argo* schlief, wurde er von den Trümmern des zerfallenden Schiffes erschlagen.

Achilleus und Odysseus

Eine Generation nach Jason feierte man den Trojanischen Krieg, und Piraterie betrieb man gewohnheitsmäßig, schwunghaft und mit Erfolg – mußte das wohl auch, wenn man bedenkt, daß die Griechen rund 10000 Mann zehn Jahre lang auf diese Weise offenbar nicht schlecht ernährten; denn daß die »schön-umschienten« Achäer, wie Homer die Griechen zu bezeichnen pflegte, Ackerbau und Viehzucht vor den Toren der belagerten Stadt betrieben hätten, davon weiß der Dichter nichts zu berichten.
Der gewaltige telamonische Aias, Patroklos, der lokrische Aias, Teukros, Diomedes, Idomeneus und wie sie alle hießen, raubten munter die Ägäis auf und ab, und wie nicht anders zu erwarten, war Achilleus, der edelste, tapferste und schönste der Griechen, auch in diesem Geschäft der Tüchtigste, der nicht weniger als zwölf Städte von See aus plünderte und elf zu Lande – die zwölfte hätte wohl Troja werden sollen –, für den Sohn des schon am Raubzug der *Argo* beteiligten Peleus eigentlich kein Wunder.
Und auch Odysseus, der Schlaueste von allen, betrieb das Geschäft eifrig, auch wenn er auf seiner abenteuerlichen Heimreise gelegentlich abstritt, ein Pirat zu sein, denn an anderer Stelle läßt Homer ihn in edler Harmlosigkeit berichten: »Stracks von hinnen brachte der Wind uns zur Stadt der Kikonen Ismaros. Dort entging uns kein Haus, wir erschlugen alle die Männer, aber die jungen Weiber, die teilten wir uns und die Beute. Keiner ging leer aus, so groß und so saftig waren die Schätze. Los nun, beeilt euch! So mahnte ich, besorgt, den Ort zu verlassen, aber sie schwelgten und sangen und wollten nichts hören, schlachteten Hammel und Rinder, berauschten sich wacker am Weine.«
Und wie ernährten sich die »schön-umschienten« Piraten-Helden?
Liest man die Beschreibungen von Mahlzeiten bei Homer oberflächlich, so könnte der Eindruck entstehen, die Achäer der Ilias und Odyssee hätten sich vorzugsweise von Brot, Wein und Fleisch ernährt. Doch was hier beschrieben wird, sind Einladungen von Fürsten und Königen für Fürsten und Könige; in Wahrheit war Fleisch – der Grieche versteht unter diesem Begriff bis zum heutigen Tag in der Regel Hammelfleisch – selten und so kostbar, daß etwa Achilleus das Braten bzw. Grillen des von ihm selbst zugeschnittenen und vorbereiteten Fleisches nur seinem Intimus Patroklos anvertraute, wobei er ihn, wie deutlich betont wird, kritisch beobachtete.

Homerische Fleischspieße

800 g »im Fett blühendes« (d.h. gut durchwachsenes) Hammelfleisch, Salz, 100 g Gerste (mittelfein gemahlen)

Das Fleisch wird in mundgerechte Stücke zerschnitten, aufgespießt, mit »heiligem« Salz (gewöhnliches Salz tut es notfalls auch) bestreut und über glühender Holzkohle langsam gegrillt. Danach wird es mit gemahlener Gerste bestreut. Das Filet steht dem höchstrangigen Gast zu, die übrigen Stücke werden entsprechend Qualität und Rang verteilt.
Analog werden Ziegen-, Rind-, Schweine- und Spanferkelspieße zubereitet. Die Fleischsorten zu mischen war nicht üblich, da selten mehr als ein Tier zur gleichen Zeit geschlachtet wurde.

Wem diese Art der Zubereitung doch etwas zu langweilig im Geschmack ist, der versuche folgende Soße dazu:

Hagebuttensoße

3 EL Hagebuttenmark (ungesüßt), 1/8 l Wasser, 1/8 l Rotwein, 70 g Butter, 1 gehäufter EL Mehl, etwas Zitronenschale, Nelke, 2 bis 3 TL Honig

Aus Hagebuttenmark, Wasser und Rotwein eine sämige Soße anrühren. Mehl in Butter hellbraun rösten und mit der Fruchtsoße ablöschen, würzen. Nochmals gut aufkochen lassen. Wenn die Soße zu dick wird, mit Rotwein verdünnen, allerdings darf sie ruhig etwas dick sein.

Was vom Festschmaus an Fleisch übrigblieb, wurde konserviert, wozu man vor allem die weniger fetten Teile vorsah:

Kaltes Fleisch in Honig

Fleisch (Hammel, Rind, Ziege, Schwein), Honig

Das frische, ungesalzene Fleisch wird so in Honig gelegt, daß es ganz bedeckt ist.

Kaltes Fleisch in Marinade

Fleisch (Hammel, Rind, Ziege, Schwein), Essig, Senf, Honig

Das frische, ungesalzene Fleisch wird in eine Marinade aus 5 Teilen Essig, 1 Teil Senf, 1 Teil Honig gelegt, so daß es ganz bedeckt ist.
In der kälteren Jahreszeit hielt sich das Fleisch so bis zu drei Wochen, in der warmen Jahreszeit immerhin etliche Tage. Gegessen wurde es in der Regel kalt (sehr beliebt für Mahlzeiten an Bord), mariniertes Fleisch wurde auch für Eintöpfe verwendet.

Und was den klassischen Helden recht war, das war ihren Nachkommen billig:

Polykrates von Samos

Wer würde sie nicht kennen, die Geschichte des allzu glückhaften Polykrates, der sich aus dem Nichts zum Beherrscher von Samos und übelsten Piratenfürsten seiner Epoche emporintrigiert und -gemordet hatte, dem mit dem gestohlenen Ring des Apollo Delphinos an der Hand alles, aber auch alles zu glücken schien, der seine Freunde und Verbündeten nach Laune verriet, bis er sich in beachtlicher Selbstüberschätzung sogar mit dem persischen Großkönig anlegte und schließlich als Pirat am Kreuz endete.
Beim Staatsbesuch des ägyptischen Königs Amasis auf Samos passierte die berühmte Geschichte mit dem Apollo-Ring. War es wirklich die Furcht vor dem Neid der Götter oder was auch immer, Amasis überredete Polykrates, das kostbare Schmuckstück zu opfern und ins Meer zu werfen.

Doch am nächsten Tag war der Ring wieder da:
»›Herr, diesen Fisch hab ich gefangen,
Wie keiner noch ins Netz gegangen,
Dir zum Geschenke bring ich ihn.‹
Und als der Koch den Fisch zerteilet,
Kommt er bestürzt herbeigeeilet
Und ruft mit hocherstauntem Blick:
›Sieh, Herr, den Ring den du getragen,
Ihn fand ich in des Fisches Magen,
O, ohne Grenzen ist dein Glück!‹«
(Schiller: Der Ring des Polykrates)

Diese Szene wirft nebenbei ein interessantes Streiflicht auf die Essensgepflogenheiten dieses Erzpiraten, der offenbar, anders als die Homerischen Großen, Fisch sehr wohl zu schätzen wußte. Zwar vermeldet die Geschichte nicht, um welchen Fisch es sich seinerzeit gehandelt hat, doch muß er selten und entsprechend kostbar gewesen sein – ein Schwertfisch zum Beispiel, zu dessen Jagd auch heute noch eine gute Portion Glück gehört.

Schwertfisch in kalter Soße

750 g Schwertfisch, 1 Glas Weißwein, 1 EL Essig, Salz, Pfeffer, Kümmel, Thymian, Koriander, Öl zum Braten

Schwertfisch in nicht zu dünne Scheiben schneiden und 2 Stunden in eine Marinade aus Wein, Essig, Salz, Pfeffer, Kümmel, Thymian und Koriander legen. Fischstücke herausnehmen, abtrocknen und in wenig Öl auf beiden Seiten goldbraun braten.

Kalte Soße

1 Zwiebel (fein gehackt), 1 TL Senf, 1 TL Honig, 2 EL Essig, 4 EL Öl, alle zur Verfügung stehenden grünen Kräuter (fein gehackt), Salz, Pfeffer

Senf und Honig mischen, Essig und Öl zugeben und glatt verrühren, Kräuter und Zwiebel zugeben, mit Salz und Pfeffer würzen.
Die Soße wird extra serviert.

Ägäischer Dauerzustand

Das Piratentreiben in der Ägäis war jahrhundertelang ein Dauerzustand. Karier, Lykier und nach wie vor Griechen galten als die unangefochtenen Meister des Metiers. Kein Mächtiger jener Region kam an ihnen vorbei: Xerxes, der persische König der Könige hätschelte seine lykischen Piraten unter ihrer Admiral-Königin Artemisia von Halikarnassos, Dionysos, der Tyrann von Syrakus, begrüßte die griechischen Seeräuber als willkommene Verstärkung seiner Flotte, und König Philippos II. von Makedonien, der Vater des großen Alexander, verdankte seinen Aufstieg nicht zuletzt »seinen« Piratenchefs Pherai, Charidemos und Sostratos, höchst nützliche Herren, auch wenn Lukianos von Samosata in seinen »Totengesprächen« Sostratos in einem Atem mit den sprichwörtlichen Bösewichtern seiner Zeit nannte.
Wären sich die Griechen einig gewesen, sie hätten binnen weniger Jahre die absolute Seeherrschaft im ganzen Mittelmeer an sich reißen können, doch Einigkeit war für die Griechen ein Fremdwort. Der einzige Fortschritt, den man im Laufe der Jahrhunderte machte, war der, daß man bei Überfällen von Griechen auf Griechen den häßlichen Ausdruck »Seeraub« durch den geschmeidigeren Begriff »Syle« ersetzte, was mit »Kaperei«

übersetzt werden muß, also amtlich genehmigter und berechtigter Räuberei. Groß war der Unterschied, vor allem in der Praxis, nicht.

Altgriechische Bordküche

Von »Bordküche« im engeren Sinne kann man natürlich nicht sprechen, da an Bord nicht gekocht wurde. Auf Fahrt behalf man sich mit vorgekochten Mahlzeiten, in der Regel freilich mit einem Imbiß aus Brot, Wein, Käse und – so vorhanden – kaltem Fleisch, abgerundet mit Oliven und dem kräftigen (und so gesunden) Biß in eine rohe Zwiebel. Den Ruderern in Wein getränkte Brotstücke zwischen die Zähne zu schieben, war auf Galeeren bis in die Neuzeit üblich.
Gekocht wurde an Land, d.h. am Abend, denn in der Antike schätzte man Nachtfahrten nicht, sondern lief beim Einsetzen der Dämmerung lieber eine stille Bucht zum Übernachten an. Hier am Strand trat dann der Smutje in Aktion.

Wer die Odyssee genau liest, der erfährt auch einiges über die obligate Schiffsnahrung, etwa an der Stelle, wo die Nymphe Kalypso (nach immerhin sieben offenbar recht vergnüglich verbrachten Jahren) den ewig unruhigen Odysseus ziehen lassen muß und ihn mit Proviant ausrüstet: Brot, Wein, Wasser und Säcke mit »Lebensmitteln«.
Säcke, genauer gesagt Tierhäute, waren im antiken Griechenland das Transportmittel für Lebensmittel schlechthin. Gegerbt wurden sie für Getreide, Mehl und Hülsenfrüchte, aber auch für Wein und Wasser verwendet. Ungegerbte Häute, an deren Innenseite noch die Haare hingen, benützte man bis in unser Jahrhundert für Käse – man ersparte sich damit das Lab für die Käsezubereitung, sofern man nicht ein Lab aus Feigensaft verwendete. Daß mit Käse Ziegenkäse gemeint ist, versteht sich wohl von selber.
Was bei Homer nirgends genannt wird, sind Fisch und andere Meeresfrüchte. Sie waren so normal, so üblich, daß sie offenbar keiner Erwähnung bedurften; sie waren freilich auch so ordinär, daß man sie, zumindest in den »besseren« Kreisen, eher als Notlösung denn als ernstzunehmenden Teil des Speisezettels betrachtete.
Was also stand dem altgriechischen Smutje zur Verfügung, aus dem er eine ordentliche warme Mahlzeit für seine Genossen zusammenrühren konnte? Mehl, Hülsenfrüchte, Fisch, eine Handvoll Gewürze, Zwiebeln, Knoblauch, Salz, wenn er Glück hatte etwas Fleisch und einiges Frischgemüse, das er sich bei den Bewohnern der angelaufenen Übernachtungsbucht eingehandelt oder einfach so mitgehen ließ.
Viele dieser Gerichte haben, nur wenig verändert, die Jahrhunderte überdauert, ihre neugriechischen Namen habe ich in Klammern beigefügt.

Bohnentopf (Fasolada)

500 g Bohnenkerne, 1/2 Tasse Öl, Sellerie (nach Belieben fein gewürfelt), 2 große Karotten (fein geschnitten), 3 Zwiebeln (fein gehackt), Petersilie (fein gehackt), Wasser, Salz, Pfeffer

Bohnen über Nacht einweichen, unter fließendem Wasser abspülen. Mit 3 l Wasser zum Kochen bringen und abgießen. Mit 3 l Wasser nochmals zum Kochen bringen. Öl, Sellerie, Karotten, Zwiebeln und Petersilie beigeben. Bei geringer

Hitze kochen, bis die Bohnen ganz weich sind. Nach Belieben passieren und würzen.
Fasolada gilt in Griechenland heute noch als Nationalgericht.

Bohnentopf überbacken

300 g Bohnenkerne, Bohnenkraut, 8 große Zwiebeln (in Scheiben geschnitten) 6 EL Öl, 1/2 l Bohnenwasser, Salz, Pfeffer

Bohnen über Nacht einweichen, unter fließendem Wasser abspülen. In 2 l leicht gesalzenem Wasser 60 Minuten gar kochen, abgießen, Wasser aufheben. Zwiebeln in Öl hellbraun rösten. In gut gefetteter feuerfester Form abwechselnd Bohnen und Zwiebeln übereinanderschichten, jeweils würzen, mit Bohnen abschließen. Mit Öl überträufeln und mit Bohnenwasser auffüllen. Bei mittlerer Hitze etwa 20 Minuten im Rohr überbacken.

Linsentopf (Fakasoupa)

500 g Linsen, 1/4 Sellerie, 2 Karotten, 3 Zwiebeln (Sellerie, Karotten, Zwiebeln grob gehackt), 2 bis 3 Knoblauchzehen (fein gehackt), 1 Lorbeerblatt, Majoran, Salz, Pfeffer, 1 Tasse Essig

Linsen etwa 1 Stunde kochen und abgießen. Alle Zutaten außer Essig in 2 1/2 l Wasser zum Kochen bringen und leise weiterkochen, bis die Linsen weich sind. Essig einrühren und 5 Minuten weiterkochen lassen.
Besonders delikat, wenn eine Speckschwarte oder ein Schinkenknochen mitgekocht wird.

Hammeltopf

750 g Hammelfleisch, Salz, 1 TL Kümmel, 1 mittlerer bis kleinerer Weißkohlkopf (mittelfein gehobelt), 3 Karotten (in Scheiben geschnitten) 1/2 Sellerie (grob gewürfelt), 2 Petersilienwurzeln, Pfeffer, 1 l Fleischbrühe, Öl zum Braten und Einfetten

Hammelfleisch würfeln, mit Salz und Kümmel würzen und von allen Seiten anbraten. In einer gut gefetteten feuerfesten Form abwechselnd Fleisch, Kohl, Karotten und Sellerie schichten, kräftig mit Pfeffer würzen, die Petersilienwurzeln darauflegen, mit Fleischbrühe aufgießen und zugedeckt 2 Stunden im Rohr schmoren lassen.
Besonders pikant wird das Gericht, wenn man mariniertes Fleisch verwendet.

Leber-Nieren-Spießchen

300 g Hammelfleisch, 200 g Leber (Hammel oder Schwein), 3 Hammelnieren, 200 g geräucherten mageren Speck, 3 bis 4 Zwiebeln (in Scheiben geschnitten), frische Salbeiblätter, Salz, Pfeffer, etwas Öl, Gerste (mittelfein gemahlen)

Fleisch in mundgerechte Stücke schneiden und abwechselnd mit Zwiebeln und Salbeiblättern auf kleine Spießchen stekken. Mit Öl beträufeln und würzen. Über Holzkohle langsam grillen, anschließend mit gemahlener Gerste bestreuen (die Gerste kann man auch weglassen).
Da Innereien bei den großen Herren nur wenig beliebt waren, war dies meist das Festessen des Gefolges.

Gedämpfter Kürbis (Kolokithakia Yahni)

500 g Kürbis, 2 große Zwiebeln (fein gehackt), 1/4 Tasse Öl, 1/2 Tasse Wasser, Salz, Pfeffer, Petersilie (fein gehackt), geriebener Ziegenkäse

Kürbis schälen und in 2 cm große Würfel schneiden. Zwiebeln leicht anrösten, Salz, Pfeffer, Petersilie und Wasser zugeben, 5 Minuten schmoren lassen, Kürbis zugeben und zugedeckt 30 Minuten dämpfen. Mit Käse überstreuen.
Anstelle des Kürbisses kann man auch Gurke verwenden.

Gedünsteter Lauch

1000 g Lauch (geputzt und in 2 cm lange Stücke geschnitten), wenig Wasser, 2 bis 3 EL Öl, 1 gehäufter EL Mehl, 1/4 l Ziegenmilch (Kuhmilch geht auch), Gemüsebrühe, Salz, Pfeffer, 50 g Haselnußkerne oder Mandeln (gemahlen)

Lauch in etwas Öl und wenig Wasser weichdünsten. Mehl in Öl hellbraun rösten, mit Milch und Gemüsebrühe ablöschen, würzen, Nüsse zugeben, das Ganze unter den Lauch mischen.
Neben Zwiebeln, Rettich und Knoblauch gehört Lauch zu den ältesten bekannten Gemüsen überhaupt.

Bratfisch mit Soße (Psari me saltsa)

1500 g Fisch, Salz, Pfeffer, Mehl, Öl zum Braten

Kleine Fische werden ganz gelassen, große Fische in dicke Scheiben geschnitten. Fisch mit Salz und Pfeffer würzen, in Mehl wenden, in siedendem Öl auf beiden Seiten goldbraun braten, aus der Pfanne nehmen und warmstellen.

Soße

4 Knoblauchzehen (zerdrückt), 30 g Mehl, Salz, Pfeffer, 1 Lorbeerblatt, Petersilie (fein gehackt), Rosmarin (möglichst frisch), 1 Tasse Weißwein

Großteil des Bratöls abgießen, Mehl bräunen lassen, alle Zutaten außer Wein zugeben, 10 Minuten unter ständigem Rühren leise kochen lassen, Wein unterrühren, 15 Minuten ziehen lassen, dann über den Fisch gießen.

Sardinen in Wein

1000 g Sardinen, 4 Knoblauchzehen (fein gehackt), 1 EL Petersilie (fein gehackt), 1 EL Öl, Saft einer 1/2 Zitrone, 1/8 l Weißwein

Öl in einer Kasserolle erhitzen, Sardinen und die anderen Zutaten zugeben, zugedeckt 10 bis 15 Minuten kochen lassen.

Sauermilch-Suppe

2 Knoblauchzehen (zerdrückt), Salz, 2 EL Öl, 2 Tassen Sauermilch (da echte Sauermilch heute kaum noch herstellbar ist, kann man sich mit Dickmilch oder Joghurt behelfen), 1 Scheibe Weißbrot (eingeweicht), 1 Gurke, Dill (fein gehackt)

Knoblauchzehen, Salz, Weißbrot (nicht ausdrücken), Öl und Sauermilch zu einer glatten Creme verrühren. Gurke schälen, hobeln, salzen, 1/2 Stunde ziehen lassen, ausdrücken und in die Suppe geben, mit Dill bestreuen.
Dieses Essen konnte auch an Bord angerichtet werden.

Tintenfische in Wein (Kalamarakia krassta)

1000 g mittelgroße Tintenfische, Salz, 1 Tasse Öl, 1 Tasse Weißwein, Pfeffer, 1 TL Honig

Tintenfische ausnehmen, waschen, mit Salz einreiben, nochmals waschen, in Stücke schneiden und in Öl anbraten. Nach einigen Minuten Pfeffer und Honig zugeben und 1/2 Stunde langsam zugedeckt kochen. Erkalten lassen.
Dieses Gericht wurde am Abend zubereitet und am nächsten Tag an Bord serviert.

Getränke

In der Antike wie heute ist für den Griechen Wein »das« Getränk schlechthin.

Wein

Dem antiken Wein am nächsten kommt zweifellos der griechische Nationalwein »Retsina«, und zwar gerade wegen seines etwas harzigen Geschmacks – die Ziegenhäute, in denen er aufbewahrt und transportiert wurde, waren ja mit Harz abgedichtet. Ob einem der Harzgeschmack zusagt, ist eine andere Sache. Retsina ist heute in der Regel weiß (obwohl es ihn auch rot und rosé gibt), in der Antike bevorzugte man die rote Variante.
Außer dem schweren »Löwenblut« von der Peloponnes und dem süßen, fast öligen »Samos« tranken und trinken die Griechen – anders als die Römer – den Wein unverdünnt.

Würzwein

Nicht so ganz unseren heutigen Geschmack trifft die altgriechische Form des Würzweines, bei dem einem herben Rotwein Gerstenmehl und geriebener Ziegenkäse beigemischt wurde.

Met

Schließlich gab es noch ein »Methy« genanntes Getränk, das den Berichten nach älter als Wein war: Met, hergestellt aus vergorenem Honig und von den Achäern und Dorern aus ihrer Urheimat an der Ostseeküste mit nach dem Süden gebracht.

Die Tyrrhener oder Etrusker

»Die Macht der Etrusker war so groß«, schrieb Livius, »daß der Ruhm ihres Namens nicht nur das Land, sondern auch das Meer in der ganzen Ausdehnung Italiens, von den Alpen bis zur Meerenge von Messina, erfüllte.« Und Diodorus Siculus notierte: »Auch als Seemacht waren sie stark und beherrschten lange das Meer, so daß die Gewässer vor Italien von ihnen den Namen Tyrrhenisches Meer erhielten.«
Was für das östliche Mittelmeer Griechen, Lykier, Karier und später Kilikier waren, das waren für das westliche Mittelmeer die Tyrrhener, Tyrsener, Turser oder Etrusker, wie sie wechselnd genannt wurden. Woher sie kamen, ist mit letzter Sicherheit bis heute nicht geklärt, doch verdichtet sich zunehmend die Gewißheit, daß sie – wie sie von sich selbst behaupteten – die Nachkommen der aus dem brennenden Ilion geflohenen Trojaner waren.

Wenn dem so ist, dann hatte die Piratentradition der Etrusker eine lange Geschichte, beginnend mit dem Königssohn Paris, der zwar die schöne Gattin des Königs Menelaos, Helena, nicht zu »rauben« brauchte – die Dame kam nur zu freiwillig mit. Doch daß er bei dieser Gelegenheit auch noch die Schätze des Spartanerkönigs auf seinem Schiff mitgehen ließ, kann man eigentlich nur als Seeräuberei bezeichnen.
Aus dem brennenden Troja setzten sich die Überlebenden zunächst nach Lykien ab, wo sie den letzten Schliff in Sachen Piraterie erhielten, kämpften dann in Ägypten, vorzugsweise in der

GNAEUS POMPEIUS

Flotte, als Söldner. Schließlich wanderten sie nach Italien weiter. Die Liste ihrer (Un-)Taten zur See ist lang, am bekanntesten wohl der Raub des wundertätigen Herabildes von Samos, die Gefangennahme des Gottes Dionysos, dem es nur durch die Verwandlung seiner Entführer in eine Schar Delphine gelang, sich wieder zu befreien, die Plünderung von Athen und die erste bekannte Darstellung eines Piratenüberfalls auf dem Aristonothos-Krateiron, der heute im Palazzo dei Conservatori in Rom steht.
Gemäß ihrer eigenen Prophezeiung unterlagen sie schließlich in einem stolzen und hoffnungslosen Kampf Rom, einer ihrer eigenen Stadtgründungen, und wie vieles andere blieben auch die Spuren der etruskischen Bordküche bei den Römern erhalten, vorzugsweise Suppen und Fischgerichte. Das lateinische Wort »puls« (vom griechischen póltos = Brei) sollte wohl besser mit »Eintopf« als mit »Suppe« übersetzt werden.

Gerstengraupensuppe

1 Tasse Gerstengraupen, 1 l Wasser, 1 EL Öl, Salz, 200 g Schinken (gewürfelt), 1/8 l Weißwein, Fleischbrühe (nach Bedarf), Fenchelgrün (fein gehackt, falls nicht vorhanden in Pulverform), Pfeffer

Gerstengraupen in 1 l leicht gesalzenem Wasser zum Kochen bringen, nach dem ersten Aufwallen Öl und Schinken zugeben und 50 Minuten kochen. Mit Wein und Brühe auflokkern, würzen, noch einige Minuten ziehen lassen.

Linsensuppe mit Kastanien

500 g Linsen, 2 EL Öl oder 50 g geräucherter Speck (fein gewürfelt), 1 EL Mehl, 1 TL Honig, 1 EL Essig, 500 g Kastanien, 1 l Wasser, Salz, Pfeffer, Kümmel, Koriander, Raute, Minze

Linsen über Nacht einweichen und im leicht gesalzenen Einweichwasser ca. 1 Stunde gar kochen. Nach 30 Minuten Öl bzw. Speck zugeben. Kastanien einschneiden, 5 Minuten kochen, schälen, weichkochen, Wasser abgießen und die Kastanien zu einer breiigen Masse zerdrücken. Linsensuppe mit Mehl binden, mit Honig, Essig und Gewürzen abschmecken, Kastanienbrei einrühren, einige Minuten ziehen lassen.

Bohnensuppe mit Mangold

200 g Bohnenkerne, 500 g Mangold, 2 Eidotter (hartgekocht und zerbröselt), Salz, Pfeffer, Liebstöckel, 1 TL Honig, 2 EL Öl, 1/8 l Weißwein evtl. 1 EL Essig

Bohnen über Nacht einweichen und im Einweichwasser ca. 1 1/2 Stunden weichkochen. Mangold 20 Minuten mitkochen. Öl erhitzen, Eidotter, Honig und Gewürze zugeben, mit Wein ablöschen. Kurz vor dem Servieren in die Bohnensuppe einrühren und eventuell mit Essig abschmecken.
Lateinisch hieß dieses Gericht »fava cum betis«, in römischen Volks-Trattorien steht es heute noch unter dem Namen »minestra di fagiouoli con foglie di bietola« auf der Speisekarte.

Fisch: Stellvertretend hier nur zwei Rezepte, wie sie der im 1. nachchristlichen Jahrhundert lebende Römer Marcus Apicius überliefert hat.

Fisch mit Kalbshirn

1 Kalbshirn, 2 Eier, 1 El Mehl, je 1 Hühnerleber, -herz, -magen (gekocht, kleingeschnitten), 800 g Seefisch (Filet), Salz, 1 EL Essig, Öl für die Pfanne, Pfeffer, grüne Kräuter (fein gehackt)

Kalbshirn kochen, häuten und kleinhacken, mit Mehl und Eiern zu einer glatten Masse verrühren, Hühnerinnereien dazumengen, würzen, mit der Kochbrühe der Innereien auflokkern. Fisch mit Essig beträufeln, in Öl von einer Seite anbraten, wenden, Hirnmasse darübergießen und auf kleiner Flamme über dem Fisch stocken lassen. Mit Pfeffer würzen und die grünen Kräuter darüberstreuen.

Fisch in Nußsoße

800 g Seefisch, 1 Zwiebel (fein gehackt), 100 g Wal- oder Haselnußkerne (grob gemahlen), 1 TL Honig, 1 TL Senf, 2 EL Essig, 4 EL Öl, Salz, Pfeffer, Kümmel, Origanum, Fischsud (nach Bedarf)

Fisch salzen, eventuell mit Essig beträufeln, kurz ziehen lassen und in Wasser 10 bis 15 Minuten (je nach Fischart) kochen bzw. ziehen lassen. Die Zwiebeln in der Pfanne glasig werden lassen. Honig und Senf mischen, Essig und Öl einmischen, dann Zwiebeln, Nüsse und Gewürze, mit Fischsud auflockern, kurz aufkochen und über den auf einer Platte angerichteten Fisch gießen.

Getränke

Caecuber, Falerner, Massiker und rund 50 weitere weiße, gelbe, rosa, rote und »schwarze« Weinsorten sind aus dem antiken Italien überliefert, die sich von den heute zumal in der Toscana und Latium angebauten Weinen wohl kaum allzusehr unterschieden haben dürften.

Rosenwein

Eine Besonderheit für feine Gaumen stellte der »Rosenwein« dar:

Von frischen, tautrockenen Rosenblättern die unteren, weißen Teile entfernen. In ein Leinenbeutelchen einnähen und eine Woche in den Wein hängen. Die Prozedur zweimal wiederholen. Den Wein abfiltern und je nach Geschmack mit Honig süßen.

Pax maritima romana

Sie dauerte bis zum Jahr 67 v. Chr., die antike Piratenherrlichkeit – und es war eine »Herrlichkeit«, wenn man bedenkt, daß es sich kilikische Seeräuber leisten konnten, Bug und Rahen ihrer Schiffe mit massivem Goldblech, die Riemenblätter mit Silber beschlagen zu lassen und ihre Segel mit Purpur zu färben, wobei ein Lot Schneckenpurpur auf einen Wert von über 1000 DM berechnet werden muß.

Den Garaus machten ihnen die Römer, über deren nautische Künste sie (durchaus zu Recht) gespottet hatten: »Ihre Piloten handeln wie Blinde und Narren: wo Klippen sind, sehen sie einen Hafen, und in jedem Hafen finden sie Klippen. Sie wissen weder in den Sternen noch am Himmel zu lesen, und sie halten das ferne Grollen herannahender Gewitter für das Brüllen einer Kuhherde, die man zu ihren Schiffen führt.« Doch 120000 Soldaten, 500 Schiffen, 24 Generälen und dem Oberbefehlshaber Gnaeus Pompeius hatten auch sie nichts mehr entgegenzusetzen, zumal der Römer so klug war, die Unterlegenen mit größter Milde zu behandeln.

Binnen drei Monaten war das Mittelmeer praktisch frei von Seeräubern, und die »pax maritima romana« blieb bestehen, solange das Imperium romanum die Macht in den Händen hielt.

DIE WIKINGER AUS DEM NEBELMEER

»Die Wikinger kommen!« Jahrhundertelang war das der Aufschrei, der Europa in Angst und Schrecken versetzte.
Die Plünderung und Zerstörung des englischen Klosters Lindisfarne am 8. Juni 793 gilt als erster Überfall der Wikinger – das stimmt und stimmt auch nicht. Richtig ist, daß für jene seefahrenden Raubbanden damals eben die Bezeichnung Wikinger aufkam, daß es aber der erste Überfall, den solche Nordlandpiraten ausgeführt haben, gewesen sei, ist mit Sicherheit falsch.
Bevölkerungsexplosion ist nicht erst ein Problem unserer Tage. Im ersten nachchristlichen Jahrtausend quoll beispielsweise die skandinavische Urheimat der Wikinger von Menschen über, und je mehr es wurden, um so weniger vermochten die kargen Weideflächen und die wenigen Äcker die Massen noch zu ernähren. Der Erfolg waren erbitterte Kämpfe um jeden Quadratmeter fruchtbaren Boden. Der Versuch der Stärkeren, sich auf Kosten der Schwächeren auszubreiten, ließ die Sippen noch fester zu Wehrgemeinschaften zusammenrücken; Blutrache, Kampf, Totschlag, Mord und Brand einer Sippe gegen die andere wurden als zwingende Verpflichtung von Generation zu Generation vererbt. Doch auch dieser beständige Aderlaß reichte eines Tages nicht mehr aus, den Bevölkerungszuwachs zu steuern.
Eingeklemmt zwischen Gletscher und Meer, gab es nur eine Ausweichmöglichkeit, eben das Meer und seine fernen Küsten.
Von den Uranfängen an besaßen die Nordgermanen eine fast unheimliche Vertrautheit mit dem Meer. Wer freilich wie die Norweger in einem von Fjorden zerrissenen, wie die Schweden in einem von Seen durchsetzten Land, wie die Dänen auf Inseln und einer schmalen Halbinsel lebt, wo das Wasser oft die einzige Straße von Ort zu Ort ist, der muß, ob er will oder nicht, alle Kräfte einsetzen, diesem Element zu trotzen. Und tatsächlich waren die Schiffe der Wikinger – in Relation gesetzt zu vorhandenem Material, Werkzeugen und technischen Kenntnissen – das brillanteste, was jemals in der gesamten Geschichte des Schiffbaus geleistet wurde!
Wäre es nicht die Lieblingsbeschäftigung aller Wikinger gewesen, sich gegenseitig totzuschlagen – denn nur der Nordlandheld war dem Nordlandhelden ein wirklich ebenbürtiger Gegner –, Europa

OLAF TRYGGVASON

wäre nicht von einer griechisch-römisch-christlichen Kultur geprägt worden, sondern von einer heidnisch-germanischen. Dieses Schicksal blieb Europa – nicht aus eigenem Verdienst – erspart, denn die hünenhaften Seeräuber aus dem Nebelmeer waren nie lange genug einig, um zu einer echten politischen Macht zu werden, trotzdem hatten sie sich am Ende ihrer Sturm-und-Drang-Periode in weiten Teilen Rußlands, in Nordwestfrankreich, in ganz Süditalien und in England festgesetzt, waren nach Island ausgewandert und bis Grönland und Nordamerika vorgestoßen, hatten fremde Kulturen wie trockene Schwämme aufgesogen und waren sich doch letztendlich immer selber treu geblieben.

Wikinger Bordküche

Obwohl seit der Wikingerzeit ein gutes Jahrtausend vergangen ist, sind unsere Kenntnisse über ihre Ernährung zu Land und zur See – wie in der Antike wurde an Bord nicht gekocht – dank Berichten und Funden recht exakt.
Nahrungsgrundlage waren Getreide, Gemüse, Milch und Fisch.

Brot

Aus Roggen- oder Gerstenmehl – Weizen war selten, kostbar und eine Sache für Könige oder große Häuptlinge –, Wasser und Salz – Sauerteig war unbekannt – wurden Brotfladen geknetet, die in langstieligen Pfannen gebacken wurden. Das Resultat mußte sofort und noch heiß gegessen werden, da es nach der Abkühlung steinhart wurde; in dieser Form freilich außerordentlich haltbar einen idealen Schiffsproviant darstellte, ein Vorläufer des Schiffszwiebacks. Mit diesem gemeinsam war ihm auch der häufige Zusatz von Sägemehl, genauer gesagt gemahlener Kiefernborke, was freilich nicht nur ein Streckmittel war, sondern dem Körper lebensnotwendige Vitamine zuführte. Skorbut dürfte auch bei langen Fahrten, etwa nach Island oder Grönland, bei den Wikingern ziemlich unbekannt gewesen sein, Gebißschäden dafür um so bekannter, hervorgerufen durch die zahlreichen Gesteinspartikel der steinernen Handmühlen, in denen das Mehl gemahlen wurde.

Milchprodukte

Aus der Milch von Rindern und Schafen stellten die Wikinger die auch heute noch üblichen Produkte her: Käse, Butter, Buttermilch, Joghurt und gesalzene Dickmilch, »Skyr«, die sich lange hielt und einen wichtigen Teil der Bordverpflegung darstellte.

Gemüse und Eintöpfe

Die Ausgrabungen von Oseberg und Haithabu belegen die Verwendung von Zwiebeln, Knoblauch, Kohl, Haselnüssen, Erbsen und Pflaumen (wie bei den letzteren auch getrocknet) sowie Kümmel, Senf und Meerrettich, die als Schiffsproviant in Frage kamen, dazu bedingt haltbar, also für kürzere Fahrten, Lauch und Äpfel.
Die beiden folgenden Rezepte, die heute noch in Schweden bzw. Norwegen gekocht werden, dürften noch aus jener Zeit stammen:

Lauchsuppe

1000 g Lauch (in 2 cm lange Stücke geschnitten), 1 1/4 l Fleischbrühe, Salz, Pfeffer, 2 Eier, 1/8 l Sahne, 2 bis 3 TL Petersilie (fein gehackt)

Lauch in Fleischbrühe weichkochen, mit Salz und Pfeffer abschmecken, Eier und Sahne in die Suppe einrühren, mit Petersilie bestreuen.

Kohltopf

1000 g Weißkohl (gehobelt), 250 g Äpfel (in feine Scheiben geschnitten), Pfeffer, Kümmel, 1/2 l Skyr (Dickmilch mit Salz), 2 EL Butter

In einer feuerfesten Form Butter zerlassen, Weißkohl mit Kümmel und Pfeffer, Apfelscheiben und Dickmilch schichten und bei mittlerer Hitze im Ofen etwa 1 Stunde weichgaren.

»Diagnostische« Zwiebelsuppe

Eine besondere diagnostische Verwendung von Gemüsesuppe ist aus den Sagas überliefert: Dort wird berichtet, daß Kriegern, die Unterleibsverletzungen erlitten hatten, Zwiebelsuppe eingeflößt wurde. Wenn dann der Wunde anschließend Zwiebelgeruch entströmte, wußte man, daß Magen oder Darm ernsthaft verletzt und somit jede weitere Hilfeleistung überflüssig war.

6 Zwiebeln (in Ringe geschnitten), 40 g Butter, 40 g Mehl, 1 1/2 l Fleischbrühe, Pfeffer, Salz, 3 bis 5 Knoblauchzehen (zerdrückt)

Zwiebeln in Butter glasig werden lassen, Mehl zugeben und Zwiebeln goldgelb rösten, mit Fleischbrühe aufgießen, mit Pfeffer und Salz abschmecken, alles kurz durchkochen lassen.

Fleisch

Die häufige Erwähnung von Fleischgerichten in den Sagas könnte den Schluß zulassen, daß die Wikinger – ähnlich den antiken Griechen – große Fleischesser waren. In Wirklichkeit entsprang dies aber wohl eher dem sehnlichen Wunsch nach dem begehrten Fleisch als seiner allzeitigen Verfügbarkeit. Da man aber dem Fleisch kraft- und mutfördernde Eigenschaften zuschrieb, achteten Schiffs- und Truppenführer stets darauf, daß ihre Leute ausreichend Fleisch bekamen, das man sich ggf. eben durch Überfall zu beschaffen wußte. Möglicherweise war das einer der Gründe, weshalb sich damals so viele Skandinavier auf die Raubschiffe drängten und weshalb auch der Jagd eine so hohe Bedeutung beigemessen wurde; denn der hauseigene Viehbestand wurde vorwiegend als Arbeitskraft genutzt und galt als Demonstration von Wohlstand, war also nicht zum Verzehr bestimmt.
Die Zubereitung geschah überwiegend durch Kochen, aber auch durch Grillen oder Rösten an langen Eisengabeln. Im norwegischen Sogn wurde eine Bratgrube entdeckt, die darauf schließen läßt, daß hier Fleisch in einer Lehmpackung zwischen erhitzten Steinen gegart wurde.
Konserviert wurde das Fleisch durch Einsalzen, d.h. Pökeln, oder durch Räuchern, die zweifellos üblichere Methode, da Salz teuer und kostbar war.

Wildfleischpfeffer

1000 g Rentier-, Elch- oder Hirschfleisch (Keule, in mundgerechte Stücke geschnitten), 150 g geräucherter Speck (gewürfelt), Salz, 1 l Bier, Pfeffer, 1 Msp Nelke (gemahlen), 1 kleine Stange Zimt, 50 g Butter, 3 EL Mehl, 1 Glas Obstschnaps (Apfel, Kirsche, Pflaume)

In einer Kasserolle Speck anbraten, Fleisch zugeben, würzen, unter ständigem Rühren leicht bräunen lassen, mit Bier aufgießen. Abgedeckt bei guter Hitze im Ofen etwa 1 1/2 Stunden garen lassen. Butter in einer Pfanne zergehen lassen, Mehl zugeben und bräunen lassen, unter ständigem Rühren dem Wildfleischpfeffer zufügen und alles ein paar Minuten kochen lassen, abschließend Obstschnaps zugeben.
Obstschnaps und exotische Gewürze charakterisieren dieses Rezept zweifelsfrei als Leckerbissen wirklich großer Herren – und solcher, die es sein wollten.

Fisch

Zu alltäglich und normal, um – wie bei den antiken Griechen – wirklich gewürdigt zu werden. Fangfrisch wurde Fisch auf ähnliche Art wie Fleisch zubereitet. Vor allem an der norwegischen Küste luftgetrocknet als »Stockfisch«, stellte er nicht nur eine äußerst beliebte Dauerverpflegung dar, sondern wurde auch weit exportiert.

Getränke

Die normalen Getränke des Wikingers waren – von den Sagas verschwiegen – Milch und Gänsewein.

Bier

»Je größer der Herr, desto stärker sein Bier«, galt als Faustregel nordgermanischer Seefahrer. Engpässe im Proviant, sogar im ach so geliebten Fleisch, war der Wiking-Fahrer notfalls bereit hinzunehmen, doch wehe dem Kapitän, der nicht entsprechende Mengen an Schiffsbier zur Verfügung zu stellen willens oder fähig war…

Gebraut wurde das Bier – vom alltäglichen Dünnbier bis zum festlichen Starkbier – aus Gerste, mitunter auch Hafer, als Bitterstoffe Wegewartenwurzel und Schafgarbe zugesetzt, oder auch Hopfen, der, wie die Funde von Haithabu und Graveney bezeugen, in größerem Umfang importiert wurde.
Wenn sich die Gelegenheit ergab, waren die Wikinger im Genuß des Bieres ebenso maßlos wie in dem des Fleisches. Der Höhepunkt jedes Festes war der allgemeine Rausch, dem auch kultische Bedeutung zukam und der für eine Vielzahl der üblichen Dauerfehden verantwortlich gewesen sein dürfte.
Das Bier trank man meist warm, wahrscheinlich, um das Stadium der Volltrunkenheit möglichst schnell und ohne Umwege zu erreichen.

Met

Met wurde aus vergorenem Honig hergestellt. Da dieser lediglich von Waldbienen erbeutet wurde und zudem der einzige verfügbare, sehr rare Süßstoff war, konnten sich nur die Reichsten ab und zu ein Horn dieses teuren Honigweines leisten. Als Ausgleich erhoffte dafür jeder Wikingkrieger, dann im Jenseits an Odins Tafel soviel Met in sich hineinschütten (und Fleisch fressen) zu dürfen, wie er wollte.

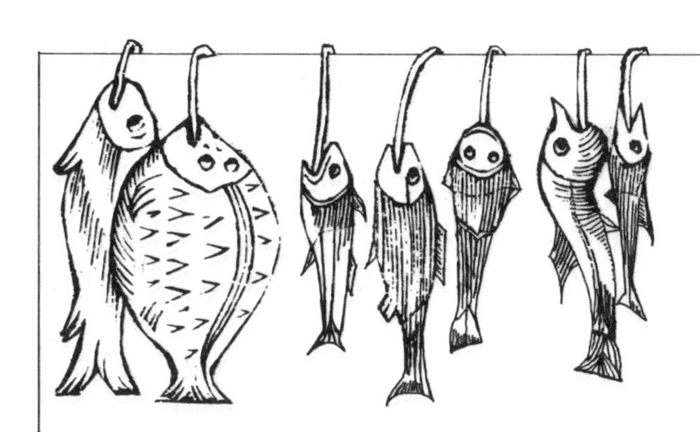

STÖRTEBEKER

DIE VITALIENBRÜDER IN OST- UND NORDSEE

Sie waren auch schon fast eine »unendliche Geschichte«, die Rangeleien zwischen Schweden, Dänemark und der Deutschen Hanse um die Vorherrschaft in der Ostsee.
Anno 1389 hatten eben die Dänen Oberwasser, während es für die Schweden, deren Hauptstadt Stockholm von dänischen Truppen belagert wurde, und seine Verbündeten, die Hansestädte Rostock und Wismar, ganz und gar nicht zum besten stand.
Die Idee der hanseatischen Stadtväter, in dieser mißlichen Lage ein paar Trupps verwegener Burschen anzuheuern, sie als Blockadebrecher mit der Verproviantierung Stockholms zu betrauen und ihnen, mittels Kaperbrief, zu erlauben, die Dänen nach Kräften zu schädigen, war eigentlich nicht dumm, und die »Vitalier« (genannt nach der alten Bezeichnung »Victualien« für Lebensmittel) machten ihre Sache denn auch recht gut.
Höchst blauäugig war nur die Vorstellung der Hanseaten, daß nach Kriegsende diese Typen auf Befehl brav wieder nach Hause gehen würden.
Natürlich taten sie es nicht, sondern setzten sich auf Gotland fest, gründeten eine Art Seeräuberstaat und kaperten, was immer ihnen vor den Bug segelte, nach ihrem Wahlspruch: »Gottes Freund, aller Welt Feind!«

Claus Störtebeker

Für die Hanseaten ist er zu einer Art Nationalheld geworden – weshalb, das wird zumindest mir immer ein Rätsel bleiben, denn Störtebeker war nachgewiesenermaßen ein rücksichtsloser, brutaler, roher, beutegieriger und grausamer Typ, für den ein Leben, zumal derjenigen, die er am ärgsten geschädigt und zudem noch als »Pfeffersäcke« und »Heringsbändiger« verhöhnt hat, der Hanseaten also, nicht sonderlich viel zählte.
Zusammen mit Gödeke Michelsen, dem tüchtigsten und erfahrensten der Vitalier oder Likendeeler, wie sie sich nach ihrer »klassenlosen Gesellschaft« auch nannten, und Magister Wigbald, der in Oxford studiert und in Rostock Philosophie gelehrt hatte und »im Plato und Aristoteles ebenso wie in Navigation und im Beutemachen« Bescheid wußte, bildete Störtebeker, von dem man annimmt, er sei der letzte Herr von Alkum gewesen, eine Art Führungstriumvirat der gotländischen Piraten.

Drei Jahre dauerte die Seeräuberherrlichkeit auf Gotland, dann fuhr der Hochmeister des Deutschen Ritterordens, Herr Konrad von Jungingen, mit Feuer und Schwert dazwischen, und wer von den Piraten im Kampf nicht umkam, wurde zunächst, da die Gefängnisse zu klein waren, in große Biertonnen gestopft – die Vitalier waren mit gefangenen hanseatischen Kaufleuten ebenso umgesprungen – und nach kurzer Gerichtsverhandlung gehängt oder geköpft.
Störtebeker, Michelsen und Wigbald samt 2000 ihrer Kumpane waren dem Hochmeister freilich entwischt. Sie hatten das Gewitter der Gerechtigkeit rechtzeitig heraufziehen sehen und sich in die Nordsee abgesetzt, wo sie von Kenno ten Brooke nicht nur freundlich aufgenommen wurden, der streitsüchtige Herr des Brookmerlandes verheiratete auch noch seine Tochter mit dem Anführer der Bande, Claus Störtebeker.
Doch schließlich, man schrieb mittlerweile das Jahr 1400, hatten die Hamburger endgültig genug. Albrecht Schreye und Johannes Nanne räumten vor der Emsmündung auf, 80 Piraten fielen, 36 wurden hingerichtet. Ein Jahr später tat der Hamburger Bürgermeister Nikolaus Schoche ein gleiches vor der Wesermündung. Wieder rollten 73 Vitalierköpfe und Kenno ten Broote kroch erschreckt nun auch zu Kreuze und schwor Frieden. Das war ein arger Schlag für Störtebeker und seine Genossen Michelsen und Wigbald, und tatsächlich dauerte es nur noch ein paar Monate, bis der tüchtige Simon von Utrecht mit seinem Flaggschiff, der »durch die See brausenden *Bunten Kuh* aus Flandern mit starken Hörnern«, die ganze Bande dingfest machen konnte.

Der Prozeß gegen die Piraten war erstaunlich fair, das Urteil freilich stand von Anfang an fest, und am 11. Juni 1402 waltete dann Meister Rosenfeldt, der Scharfrichter, »in grawem Mantel vndt Hut mit dem roten Band« auf dem Grasbrook zu Hamburg seines Amtes.
Die Legende berichtet, daß Störtebeker gebeten habe, es möge ihm gestattet sein, daß diejenigen seiner Raubgenossen frei sein sollten, an denen er, wenn sein Kopf gefallen sei, vorbeilaufen werde. Tatsächlich sei der kopflose Körper des Seeräubers gelaufen und hätte wohl die ganze Reihe geschafft, wenn ihm der Henker nicht beim elften Mann ein Bein gestellt und der Körper hingefallen und liegengeblieben wäre. (Daß die gleiche Leistung dem 1337 zu München geköpften Räuberhauptmann Diez von Schauenberg zugeschrieben wird, tut der Legende keinen Abbruch.) »Ihr Tod sei also von Frawen vndt Jungfrawen sehr beklagt worden.«

Vitalier Bordküche

Ein glücklicher Umstand hat uns die Proviantliste des schwedischen Regalschiffes *Wasa* von 1628 erhalten – das ist zwar gut 200 Jahre nach der Zeit, in der Störtebeker und Konsorten die Ost- und Nordsee unsicher machten, doch es kann eigentlich kaum Zweifel daran bestehen, daß die Proviantlisten der Vitalier nahezu identisch gewesen sein dürften.
Entsprechend jener Liste standen jedem Mann pro Monat folgende Lebensmittel zu:

Brot	1/2	tunna	=	13	kg
Hülsenfrüchte	1	fjärding	=	16	kg
Mehl	1/2	fjärding	=	8	kg
Rindfleisch	1/2	lispund	=	3,4	kg
Schweinefleisch	4	mark	=	1,6	kg
Dörrfisch	6	mark	=	2,5	kg
Salzfisch	1	lispund	=	6,8	kg
Butter	2	mark	=	0,8	kg
Käse	2	mark	=	0,8	kg
Salz	2	mark	=	0,8	kg
Bier	1	tunna	=	128	l

Was auffällt, ist der hohe Anteil an Hülsenfrüchten mit über ein Pfund pro Tag, der eher bescheidene Fleischanteil und die nicht unbeachtliche Biermenge – gute 4 Liter pro Tag –, was seine Erklärung darin haben mag, daß sich Bier besser hielt als Wasser, außerdem gerne auch zum Kochen verwendet wurde. Auch der Mehlanteil mit gut 1/2 Pfund täglich ist erstaunlich hoch und dadurch zu erklären, daß, mancherorts bis ins 19. Jahrhundert, Breie und Muse einen wesentlichen Teil des Speisezettels bildeten. Im Mittelalter scheint das Zermusen und Zermantschen der Speisen geradezu eine Küchenphilosophie gewesen zu sein, anders ist es wohl kaum erklärlich, daß man sogar Spargel bis zu vier Stunden (!) zerkochte; unser heutiges Wort »Gemüse«, d.h. das »Gemuste«, »Zu-Mus-Gekochte«, zeugt noch von dieser Unsitte.

Labskaus

Seit dem frühen Mittelalter war Labskaus für viele Jahrhunderte »das« Seemannsessen schlechthin. Man witzelt über Labskaus, der Matrose fände in diesem Essen all das wieder, »was er im letzten Jahr verloren hat«, und da Labskaus ein typisches »Mantsch«-Gericht ist, ließen sich in der Tat nicht nur Reste jeglicher Art verwerten, ggf. konnte man ihn sogar mit Kleie oder Sägemehl strecken.
Über Labskaus allein ließe sich ein ganzes Buch schreiben, hier also nur vier der vielen Variationen:

Labskaus mittelalterlich

400 g gepökelte Rinderbrust, 1000 g Zwieback (zerstampft), 4 Zwiebeln (grob gehackt), 4 Knoblauchzehen (grob gehackt), 6 Heringsfilets (gewässert, kleingeschnitten), 3 Salzgurken (grob gehackt), 250 g eingelegte rote Bete (grob gehackt), 3 EL Fett, Pfeffer

Fleisch mit Zwiebeln in Wasser gar kochen, fein hacken. Zwieback mit Pökelbrühe zu einem dicken Brei anrühren. Fett in einem Topf zerlaufen lassen, sämtliche Zutaten zugeben und unter ständigem Rühren erhitzen, bei Bedarf etwas mit Brühe auflockern, mit Pfeffer abschmecken.

Labskaus neuzeitlich

400 g gepökelte Rinderbrust, Lorbeerblatt, 4 Zwiebeln (grob gehackt), 1000 g Kartoffeln, 3 Heringsfilets (kleingeschnitten), 2 Salzgurken (grob gehackt), 150 g eingelegte rote Bete (grob gehackt), 3 EL Fett, Pfeffer, 4 Salzgurken (in Scheiben geschnitten), 150 g eingelegte rote Bete (in Scheiben), 4 Rollmöpse, 4 Spiegeleier

Fleisch mit zwei Zwiebeln und Lorbeerblatt gar kochen, durch den Fleischwolf drehen. Kartoffeln ohne Salz kochen, abgießen, zu einem Brei stampfen. Fett in einem Topf zerlau-

fen lassen, Fleisch, Kartoffelbrei, kleingeschnittene Heringsfilets, Salzgurken und rote Bete zugeben und unter ständigem Rühren erhitzen, bei Bedarf mit Pökelbrühe auflockern, pfeffern, anrichten und mit geschnittenen Salzgurken, rote Bete-Scheiben, Rollmöpsen und Spiegeleiern garnieren.
Diese Variante kam im 18. Jahrhundert auf, als sich die Kartoffel allgemein durchgesetzt hatte.

Fisch-Labskaus

Wie die oberen Rezepte zubereiten, jedoch anstelle des Pökelfleisches und der Heringsfilets 600 bis 700 g gekochter, kleingezupfter Fisch; in diesem Fall auch mit Salz abschmecken. Anstelle des frischen Fisches wurde auch Stockfisch verwendet.

Muschel-Labskaus

Wie die oberen Rezepte zubereiten, jedoch anstelle des Pökelfleisches und der Heringsfilets 600 bis 700 g gekochtes, aus den Schalen gelöstes Miesmuschelfleisch, salzen nach Bedarf.

Bord- und Hafenküche

Natürlich konnte sich der Mensch nicht ausschließlich von Labskaus ernähren.
Hier also weitere Rezepte aus der Vitalier-Bordküche, die sich auch, etwas verfeinert, in den Hafenstädten größter Beliebtheit erfreuten und die teilweise heute noch unverändert zubereitet werden:

Biersuppe

2 l helles Bier (man sollte bayerisches Bier verwenden, das norddeutsche Bier ist zu herb und zu stark), 200 g Hartbrot (fein zerbröselt; man nimmt praktisch am besten Vollkornbrot, das man ein paar Tage offen liegen und trocken werden läßt), 1/4 TL Kümmel, 2 EL Honig

Bier aufkochen, abschäumen, restliche Zutaten zugeben, 30 Minuten bei schwacher Hitze kochen lassen.
Verbessern kann man die Suppe, indem man etwas abgeriebene Zitronenschale, 1 kleines Stück eingelegten Ingwer und 1 Prise Zimt mitkocht.

Ochsenzunge

1500 bis 2000 g frische Ochsenzunge, 1 EL Essig, Salz, 5 Pfefferkörner, 3 Nelken, 1 Zwiebel (fein gehackt), 1 EL Schmalz, 2 Tassen Sud der Zunge, 1 Prise Zimt, 2 Nelken, 2 EL Rosinen, 2 EL Haselnüsse (gemahlen), 2 EL Honig oder Melasse, Saft 1 Zitrone, etwas Mehl, Salz

Zunge mit Essig, Pfefferkörnern und Nelken gut mit Wasser bedeckt bei schwacher Hitze gar kochen (eine Gabel muß mühelos eindringen), häuten, Fett entfernen, in schräge Scheiben schneiden. Zwiebel in Schmalz anbräunen, mit Mehl bestäuben, mit Sud ablöschen, restliche Zutaten zugeben, gut durchkochen, eventuell etwas einkochen, Zungenscheiben einlegen und in der Soße erhitzen.

Dieses Gericht soll angeblich den gotländischen Vitaliern, die Konrad von Jungingen in die Hände gefallen waren, als Henkersmahlzeit serviert worden sein.

Hamburger Plockfinken

800 g Mohrrüben (gewürfelt), 500 g Rauch- oder Pökelfleisch, Fleischbrühe, 50 g Mehl, 50 g Fett, Pfeffer, Essig

Fleisch weichkochen, dann kleinschneiden. Rüben in Fleischbrühe weichkochen, Fleisch zugeben, aus Fett und Mehl eine helle Schwitze bereiten, das Gericht damit binden, mit Essig und Pfeffer abschmecken, nochmals kurz durchkochen lassen.

Hamburger Aaltopf

1000 g frischer Aal (in Stücke geschnitten), 500 g Knochen, 125 g Rauchfleisch, 2 Bund Suppengrün (kleingeschnitten), 80 g Backpflaumen (eingeweicht), 1/2 Tasse grüne Erbsen (gekocht), Salz, Pfeffer, Honig, 1 Tasse Dill (fein gehackt)

Knochen und Rauchfleisch in 1 1/2 l Wasser auskochen, Brühe durchseien, Suppengrün, Erbsen und Backpflaumen zugeben, nach 10 Minuten Aal einlegen und bei schwacher Hitze garziehen lassen, mit Salz, Pfeffer und etwas Honig abschmekken, mit Dill bestreuen.

Magister Wigbald, als dessen Leibgericht dieser Aaltopf mehrfach erwähnt wird, war offenbar nicht nur der Mann mit der größten Bildung, sondern auch der mit der feinsten Zunge.

Getränke

Vom Bier war bereits früher die Rede, geändert hat sich daran durch das ganze Mittelalter nichts. Der Wein, vor allem von Rhein und Mosel, erfreute sich zunehmender Beliebtheit, blieb freilich stets ein Getränk der »besseren« Herren.
Schnäpse, d.h. klare Kornbrände, wurden von der Mannschaft zunehmend geschätzt. Die Sitte, einen »Langen« und einen »Kurzen« zu trinken, dürfte damals aufgekommen sein.

Würzwein

Eine große Rolle spielte im ganzen Mittelalter der Würzwein, den man heiß trank und mit dem ein wahrer Kult getrieben wurde – unser heutiger Glühwein ist in der Regel nur ein schwacher Abglanz davon.
Rot-, aber auch Weißwein wurde mit Beigaben von Anis, Muskat, Kardamon, Nelke, Piment, Zimt, Zitronen- und Orangenschale, teilweise auch Pfeffer erhitzt und gelegentlich mit Heidelbeer-, Brombeer- und Johannisbeersaft gemischt. Eine Faustregel hieß: eine gute Lebkuchenwürzung ergibt auch eine gute Würzweinwürzung.
Auch die Würzweine waren in der Regel eine Sache der Wohlhabenden, da nicht nur für den Wein, sondern insbesondere für die Gewürze höchst stolze Preise verlangt wurden.

AZOR KHEYR-ED-DIN

DIE PIRATENPASCHAS DES MITTELMEERES

Ruhm und Anerkennung in höchster Form ist manch einem Piraten zuteil geworden; daß ihre Grabstätten zu Wallfahrtsorten wurden, diese Ehre blieb den beiden größten Piratenfürsten unter dem osmanischen Halbmond, Azor Kheyr-ed-Din und Ali el-Uluji, vorbehalten.

Azor Kheyr-ed-Din Barbarossa

»Nicht einmal unter den großen Welteroberern der Griechen und Römer gab es je seinesgleichen. Jedes Land wäre stolz gewesen, ihn als seinen Sohn beanspruchen zu dürfen.«
Diese Zeilen schrieb kein berufsmäßiger Lobhudler der türkischen Macht, sondern ihr geschworener Todfeind, Abbé de Brantôme, zum Tod Kheyr-ed-Dins.
Begonnen hatte dieser erstaunliche Mann als Sohn eines desertierten Spahis und der Witwe eines griechischen Popen aus Lesbos. An der Seite seines gewalttätigen Bruders Horudsch, dem ob seines brandroten Bartes die Christen den Beinamen »Barbarossa« gaben, kam er nach Algier, und als Horudsch, dank allzuvieler Grausamkeiten von seinen Untertanen im Stich gelassen, 1517 von den Spaniern zu Tode gehetzt wurde, übernahm Azor nicht nur den Beinamen, sondern auch die Reste der Piratenflotte seines Bruders und ernannte sich selbst zum Pascha von Algier.
Mit Klugheit, eiserner Energie, Liebenswürdigkeit, gigantischen Bestechungssummen, Weitsicht und, wenn er es gerade für opportun befand, ausgesprochener Milde den Unterlegenen gegenüber, schuf Azor Barbarossa binnen weniger Jahre eine Flotte, der selbst Spanien, Venedig und Frankreich kaum Gleichwertiges entgegenzusetzen hatten.
Sultan Suleiman wird von den Christen der »Prächtige«, von den Osmanen zutreffender der »Weise« genannt, und es zeugte von höchster Weisheit, daß der Sultan diesen Piratenpascha von Algier mit ungeheuren Geschenken und dem höchsten Ehrentitel »Kheyr-ed-Din« – »Beschützer des Glaubens« – als Kapudan-Pascha (Großadmiral) auf seine Seite zog; Azor Kheyr-ed-Din Barbarossa schuf Suleiman aus dem Nichts heraus eine Seemacht und verstand diese über Jahrzehnte mit äußerstem Geschick zum Nutzen seines Sultans einzusetzen.

Dieser kurzgewachsene, freilich bärenstarke, knubbelnasige, stotternde Azor Kheyr-ed-Din war nicht nur ein hervorragender Organisator und Stratege, er war ein ebenso brillanter Menschenkenner, der sich mit sicherem Griff aus allen Winden seine Unterführer zusammensuchte, nur nicht aus der Türkei, denn – ähnlich den Römern – so hervorragende Landsoldaten die Osmanen sein mochten, das Meer war und blieb ihnen fremd und unheimlich.
Die »Teufelsbrut« Azor Kheyr-ed-Din Barbarossas wurde Legende, und – fast – Legende wurden ihre Feste, die sie in Istanbul, in Algier und anderen Häfen abzuhalten pflegten, wobei es den Berichten zufolge zu ausgesprochenen Koch-Wettbewerben kam, bei denen reihum jeder der Kommandanten mit seiner Heimatküche den Gastgeber spielte und für die der »Beschützer des Glaubens« beachtliche Preise aussetzte.
Natürlich ist es im Rahmen dieses Buches unmöglich, auch nur andeutungsweise die bis zu 30 (!) Gänge umfassenden Festmenus zu beschreiben, sie kamen auch als Ganzes für die Wettbewerbe gar nicht in die »Wertung«, das war jeweils nur ein oder zwei Gerichten vorbehalten, die in ihrer Grundsubstanz bei jedem der Beteiligten gleich sein mußten.

Ich habe hier herausgegriffen die Themen »Huhn« und »Meeresfrüchte«.
Hierzu gleich noch eine Anmerkung: In den Originalberichten ist stets von »Huhn« die Rede, in den Rezepten übersetze ich dies jeweils mit »Brathähnchen«, was mir legitim erscheint, denn ich kann mir nicht vorstellen, daß sich Azor Kheyr-ed-Din und seine Freunde an zähen Suppenhühnern delektiert haben.
Azor Kheyr-ed-Din Barbarossa vertrat bei diesen Kochwettbewerben selbstverständlich seine Heimat Griechenland:

Hähnchen mit Blumenkohl

2 Brathähnchen (je in 6 bis 8 Stücke zerlegt), 4 Zwiebeln, 5 EL Öl, 1/2 l Rotwein, Salz, Pfeffer, Paprika (scharf), 3 rote Paprikaschoten (in Streifen geschnitten), 6 Tomaten (in Stücke geschnitten), 600 g Blumenkohl (in Röschen zerteilt), Liebstökkel, Rosmarin, Basilikum (fein gehackt)

Zwiebeln in Öl goldgelb gebraten, mit Wein aufgießen, die Hähnchenstücke zugeben, mit Salz, Pfeffer, Paprika würzen, etwa 3/4 Stunde kochen lassen. Paprikaschoten, Tomaten und Blumenkohl zugeben, 1/2 Stunde weiterkochen lassen, eventuell Wasser nachgießen, bis alles gar ist, mit den grünen Kräutern bestreuen.
Blumenkohl war damals ein eben aufkommendes, noch sehr seltenes und exklusives Gemüse.

Tintenfisch in Weinsoße

1200 g Tintenfisch (gesäubert, in Stücke geschnitten), 1 1/2 Tassen Öl, 2 bis 3 Zwiebeln (fein gehackt), 2 Knoblauchzehen (fein gehackt), Pfeffer, 3 EL Petersilie (fein gehackt), 500 g Tomaten (geschält, kleingeschnitten), 1 rote Paprikaschote (fein geschnitten), 3 Nelken, 2 Lorbeerblätter, 1 TL Honig, 2 Tassen Rotwein

Tintenfisch in eigenem Saft (ohne Wasser) etwa 20 Minuten schmoren, bis die Flüssigkeit verdampft ist, unter ständigem Umrühren die übrigen Zutaten außer Wein zugeben, 5 Minuten schmoren lassen, mit Wein aufgießen und 2 Stunden leise ziehen lassen.
Kann auch kalt gereicht werden.

Il Moro

Man hatte ihn oder seine Eltern aus seiner afrikanischen Heimat als Sklaven nach Italien verschleppt. Er war noch keine 20 Jahre alt, als er ausriß, weil die Heilige Inquisition sich wegen seiner Hautfarbe für ihn zu interessieren begann. Er schlug sich nach Algier durch und war noch keine 25 Jahre alt, als er zu einem der Unterbefehlshaber Azor Kheyr-ed-Dins aufrückte.
Später machte er sich mit einem kleinen Geschwader selbständig, schwang sich zum Pascha von Alexandria auf, und Azor soll geweint haben, als er die Nachricht bekam, daß Il Moro in einem Scharmützel gegen einige venezianische Galeeren gefallen war.
Die Küche seiner eigentlichen Heimat kannte er nicht, so wurde Ägypten zu seiner kulinarischen Heimat:

Huhn mit Backpflaumen

2 Brathähnchen (je in 6 bis 8 Stücke zerlegt), 3 EL Öl, 2 Zwiebeln (grob gehackt), Salz, Pfeffer, 5 eingelegte Ingwerknollen (in Scheiben geschnitten), 15 bis 20 Backpflaumen, 5 EL Haselnußkerne (gemahlen), 3 Tassen Roséwein

Zwiebeln in Öl goldbraun anbraten, Hähnchenstücke hinzufügen und rasch anbraten, würzen, mit Wein aufgießen, Backpflaumen und Ingwer zugeben, mit gemahlenen Haselnußkernen überstreuen, im Ofen bei starker Hitze ca. 1 Stunde backen.

Gefüllte Muscheln

1500 g Miesmuscheln (geputzt), 1 Tasse Reis, 4 Zwiebeln (grob gehackt), 8 EL Öl, 8 EL Pinienkerne, 6 EL Korinthen, 2 EL Petersilie (fein gehackt), 2 Tassen Wasser, Salz, Pfeffer, Zitronensaft, Semmelbrösel (geröstet)

Zwiebeln in Öl glasig anbraten, Reis und Wasser zufügen und schmoren lassen, bis der Reis alle Flüssigkeit aufgenommen hat, Zutaten außer Muscheln, Zitronensaft und Semmelbröseln zugeben, einige Minuten weiterkochen. Muscheln vorsichtig öffnen und füllen, zubinden, in einer Kasserolle mit Wasser bedeckt bei schwacher Hitze 30 Minuten kochen lassen, herausnehmen, Fäden und Schalen entfernen, mit Zitronensaft beträufeln und gerösteten Semmelbröseln bestreuen. Kann auch kalt serviert werden.

Murad Torghud

In jungen Jahren nannte man ihn den »Schönen«, später den »Hai«.
Da er glaubte, daß ihm alles gelingen müsse, ließ ihn Azor Kheyr-ed-Din drei Jahre als Ruderer auf einer Galeere der Doria, die den jungen Leichtsinn gefangen hatten, schmoren, ehe er ihn um 3500 Goldgulden auslöste.
Später setzte sich Murad Torghud auf Capri im Golf von Neapel fest (seine Burg steht heute noch) und zog dort einen schwungvollen Sklavenhandel auf. Gegen bar konnte man seine gestohlenen Anverwandten und Freunde zurückkaufen und gleich mitnehmen und sie so vor dem Schicksal bewahren, als Sklaven nach Nordafrika verschifft zu werden.
An den Doria rächte er sich in der schlimmsten Weise, die es gibt, indem er einen der Herren der Lächerlichkeit preisgab.
Der große Andrea Doria erwischte den wieder einmal leichtsinnig gewordenen Piraten in einer Bucht, in der er eben seine Schiffe ausbesserte, griff aber, um Menschen und Material zu schonen, nicht an, sondern blockierte die Ausfahrt in der

Erwartung, Murad Torghud werde sich früher oder später ergeben müssen. Doch der dachte nicht daran. Von den Inselbewohnern und seinen Galeerenruderern ließ er, für Doria unsichtbar, einen 600 Meter langen Kanal buddeln, durch den er seine Schiffe in ihr Element zurückbrachte und hohnlachend unter Mitnahme einer genuesischen Galeere am Horizont verschwand. Der stolze Genueser war der Geprellte, und mit Spott wird man wohl nicht gespart haben.
In der denkwürdigen Schlacht von Lepanto 1571 befehligte der »Hai« die Reserve und entkam heil dem Fiasko. Als er drei Jahre später auf dem Kommandostand seiner Galeere fiel, hatte er sein Lebensziel – Ruhm, Reichtum, Abenteuer und Luxus – erreicht und bis zur Neige ausgekostet.
Murat Torghud stammte von der Insel Rhodos, und in seinen Adern floß zweifelsohne ziemlich reines Griechenblut, auch wenn er sich selbst gern »türkisch« gab und dies auch in seinen Gaumenfreuden dokumentierte:

Gefülltes Huhn

2 Brathähnchen, 1/2 Tasse Öl, 100 g Hammelfleisch (gehackt), 1/2 Tasse Reis (gekocht), 1/2 Tasse Pinienkerne, Salz, Pfeffer, 1 TL Muskatnuß (gemahlen), Thymian, 1 Zwiebel (grob gehackt), 1 Stangensellerie

Hackfleisch in der Pfanne in Öl 10 Minuten unter ständigem Umrühren rösten, mit Salz, Pfeffer, Muskat und Thymian würzen, Reis und Pinienkerne zugeben und ca. 5 Minuten mitrösten, dann die Hähnchen damit füllen und zunähen. In einer tiefen Pfanne oder Kasserolle 2 l Wasser mit Zwiebel, Sellerie, Salz und Pfeffer zum Kochen bringen, Hähnchen einlegen und zugedeckt 2 Stunden langsam kochen. Hähnchen herausnehmen, mit Öl bestreichen und im Ofen ca. 30 Minuten bräunen.

Makrelen in Weinblättern

4 Makrelen, 20 bis 30 frische Weinblätter, Salz, etwas Zitronensaft

Eine Hälfte eines Grillhalters mit der Hälfte der Weinblätter belegen, darauf die leicht gesalzenen Makrelen, die andere Grillhalterhälfte mit den restlichen Weinblättern belegen, Grillhalter zuklemmen und jede Seite ca. 7 Minuten auf dem Holzkohlengrill durchbraten. Grillhalter öffnen, Makrelen herausnehmen und mit etwas Zitronensaft beträufeln.

Sinan der Jude

Auch Sinan der Einäugige genannt.
Er war der Intellektuelle der Runde, ein glänzender Mathematiker, Architekt, Festungsbaumeister, Astronom und – selbstverständlich – Astrologe, was ihm bei den Christen den Ruf des Schwarzmagiers eintrug. Er erbaute nach dem Vorbild des Arsenals von Venedig die riesigen Werftanlagen, die Azor Kheyr-ed-Din in Tophane, einer Vorstadt von Istanbul, für seine Flotte errichten ließ, und wenn es stimmen sollte, wie mehrfach behauptet wurde, daß er die letzten Umbauten der Hagia Sophia zur Moschee geleitet habe, so spräche dies zusätzlich für sein hohes Können und Wissen.
Auf kulinarischem Gebiet vertrat er die jüdische Küche, freilich mit einer sehr eigenen Note, denn Sinan liebte es süß, sehr süß, für unseren Geschmack manchmal schon fast allzu süß.

Süßes Hähnchen

2 Brathähnchen (je in 6 bis 8 Stücke geteilt), Salz, Pfeffer, Paprika (scharf), 1 Tasse Öl, 500 g getrocknete Feigen, 500 g getrocknete Aprikosen, 1 Tasse Korinthen, 1 l Weiß- oder Roséwein

Hähnchenteile salzen, kräftig mit Pfeffer und Paprika einreiben, in einer Kasserolle in Öl anbraten, mit Wein aufgießen, Feigen, Aprikosen und Korinthen zufügen und ca. 1 1/2 Stunden bei mittlerer Hitze schmoren, bei Bedarf etwas Wasser nachgießen.
Sehr delikat ist das Rezept mit frischen Feigen und Aprikosen (es wird dann auch nicht ganz so süß), die aber erst in der letzten 1/2 Stunde zugefügt werden dürfen.

Süße Forelle

4 Forellen, Salz, Pfeffer, etwas Mehl, 1/2 Tasse Öl, 1 EL Rosmarin und 1 EL grüne Minze (fein gehackt), 2/3 Tasse Wasser, 2 bis 3 EL Honig, 3 EL Rosinen, Saft von 2 Zitronen, 2 EL Pinienkerne, 1 Knoblauchzehe (zerdrückt)

Fisch salzen, pfeffern, mit Mehl bestäuben, in Öl goldbraun braten, aus der Pfanne nehmen und in eine feuerfeste Form legen. Die übrigen Zutaten in einem Topf zum Kochen bringen und 5 Minuten langsam kochen, über den Fisch gießen und 5 Minuten im Rohr überbacken.
Dieser süße Fisch (man kann auch andere Fische verwenden, Forellen schmecken jedoch am besten) ist heute in Israel ein Nationalgericht, das besonders zu Rosh Hashana serviert wird.

Aydin Cacciadiavolo

Der »Teufelsjäger« stammte aus Sardinien, und die Italiener strichen ihm gerne das erste i seines Beinamens, um ihn so als »Teufelsdreck« zu bezeichnen.
Am zutreffendsten hätte man ihn freilich »Schürzenjäger« nennen sollen, denn seine Piratenlaufbahn begann nicht nur damit, daß er aus seiner Heimat türmen mußte, da er einen Nebenbuhler um die Gunst eines schönen Mädchens kurzerhand niedergestochen hatte; durch seine verwegenen Piratenunternehmen in Algier zu Ruhm und Reichtum gelangt, legte er sich einen umfangreichen Harem zu, dessen »Buntheit« – von der weißblonden Schwedin bis zur ebenholzschwarzen Negerin – besonders gerühmt wurde. Ja selbst auf seinen Kriegs- und Beutezügen befanden sich stets 10 bis 15 seiner Mädchen an Bord seiner Galeere – was Azor Kheyr-ed-Din Barbarossa im allgemeinen gar nicht gerne sah, doch da Aydin Cacciadiavolo seine Schönheiten nicht nur bei Festen gerne als Tänzerinnen auftreten ließ, sondern sie auch großzügig an seine Freunde zu verschenken pflegte, tolerierte der Beschützer des Glaubens die Marotte seines Unterführers.
In späteren Jahren verlegte der Teufelsjäger seine Aktivitäten vorzugsweise nach Marokko und Südspanien, und von dort muß wohl auch sein Leibkoch gestammt haben.

Huhn mit Quitten

2 Brathähnchen (je in 6 bis 8 Stücke zerteilt), 4 Zwiebeln (grob gehackt), Salz, Pfeffer, 1 TL Paprika (süß), 1 EL Koriander (zerdrückt), 1 TL Ingwerpulver, 1 g Safran, 750 g Quitten (halbiert, entkernt), Öl

Hähnchenteile mit Zwiebeln in Öl anbraten, würzen, mit kochendem Wasser begießen und 1/2 Stunde kochen lassen. Quitten bei milder Hitze braten bis sie anfangen braun zu werden. Hähnchenstücke in eine feuerfeste Form legen, darauf die Quittenstücke, mit Bratensaft begießen und bei mittlerer Hitze 1/2 Stunde im Ofen backen.

Kabeljau in grüner Soße

1000 g Kabeljau (Filet), Salz, Mehl, 1 1/2 Tassen Öl, 40 g Butter, Saft von 1 Zitrone, 3 bis 5 Büschel Petersilie (fein gehackt), 1 Tasse Öl

Kabeljaufilets salzen, in Mehl wenden und in Öl halb gar braten, mit Zitronensaft beträufeln, mit Butterflöckchen belegen und im Ofen gar braten. Aus 1 Tasse Öl und Petersilie eine fast breiartige Soße anrühren und vor dem Servieren über den Fisch gießen.

Ali el-Uluji

1508 wurde in Kalabrien Luca Galieni geboren und schon in früher Jugend für die geistliche Laufbahn bestimmt. Er war ein Klosternovize von leidenschaftlicher Frömmigkeit, als er bei einem Überfall dem jungen Murad Torghud in die Hände fiel.

14 Jahre saß er am Ruder einer Galeere. 14 Jahre schwerste körperliche Arbeit unter den geschwungenen Peitschen der Aufseher, angekettet an die Ruderbank und in der Gewißheit, mit dem Schiff unterzugehen, wenn dieses in einem der zahlreichen Gefechte oder im Sturm sank; 14 Jahre vom Frühjahr bis zum Herbst unter glühender Sonne oder bei schlechtem Wetter manchmal bis zu den Hüften im Wasser, im Winter in stinkenden Kerkern.

Immer wieder redeten ihm Torghud und seine Offiziere zu, er solle zum Islam übertreten und so seine Freiheit zurückgewinnen, doch er lehnte ab. 14 Jahre wartete er, daß das Kloster, das dem Brauch der Zeit entsprechend für seine Aufnahme eine runde Summe Geldes eingesteckt hatte, das Lösegeld schicken würde – doch es kam nie.

Schließlich trat Luca Galieni doch zum Islam über und wurde Ali el-Uluji – Ali der »Abtrünnige«. Mit der Intensität, mit der er an seinem christlichen Glauben festgehalten hatte, wendete er sich nun seinem neuen zu. Als Moslem ein freier Mann, brachte er all die Erfahrungen zur Anwendung, die er in 14 Galeerenjahren gesammelt hatte, und bald war er einer der berühmtesten und gefürchtetsten Kapitäne der nordafrikanischen Piraten, und als der große Azor Kheyr-ed-Din starb, wurde er ihr unumstrittener Anführer.

Bald schon rief ihn der allmächtige Großwesir Mehmed Sokolli nach Istanbul.

Wäre es nach dem Großwesir gegangen, Ali el-Uluji hätte an der Spitze der Flotten gestanden, die nach Cypern und Lepanto segelten, doch Sultan Selim, der den ehrenvollen Beinamen »Mest«, der »Säufer« führte, mißtraute dem mächtigen Pascha von Algier und setzte als Oberbefehlshaber lieber zwei reinrassige Türken ein – die die Feldzüge, jeder auf seine Art, denn auch gründlich verpatzten.

Aus dem Fiasko von Lepanto rettete Ali el-Uluji den von ihm kommandierten linken Flügel der Osmanenflotte ziemlich unbeschädigt, wurde – nun eben doch – zum Kapudan Pascha ernannt und schickte bereits ein Jahr später wieder eine Flotte in See, die der bei Lepanto verlorenen an Größe kaum nachstand und die bis zu seinem Tod 1577 wie einst unter Azor Kheyr-ed-Din als unschlagbar galt.
Miguel de Cervantes Saavedra, der Ali el-Uluji gut kannte, war er doch einige Jahre sein Gefangener gewesen, schrieb in seinem »Don Quijote« über ihn: »Er war der menschlichste und vornehmste aller Kommandanten, die je das Meer befahren haben.«
Bei den Kochwettbewerben pflegte Ali el-Uluji Italien zu vertreten.

Gefülltes Huhn

2 Brathähnchen, 500 g gemischtes Hackfleisch (Rind, Schwein, Hammel), 2 Zwiebeln (fein gehackt), 1/4 Sellerie (kleingeschnitten), Petersilie, Basilikum, 2 Salbeiblätter (fein gehackt), 100 g Öl, 250 g Weißbrot (eingeweicht, ausgedrückt), 50 g Parmesankäse (gerieben), 2 Eier, Salz, Pfeffer, einige Speckscheiben

Zwiebeln, Hackfleisch und Sellerie in Öl unter ständigem Umrühren anbräunen, restliche Zutaten zugeben und gut vermischen. Die Hähnchen damit füllen und zunähen, mit Speckscheiben umschnüren. 15 Minuten in Öl kräftig anbraten, dann bei milder Hitze 1 Stunde weiterbraten, Speckscheiben entfernen und Hähnchen kurz braun werden lassen.

Thunfisch mit Anchovis

4 Scheiben Thunfisch, 8 bis 12 Anchovisfilets, 50 g roher Schinken (klein gewürfelt), 50 g Speck (klein gewürfelt), 1 Zwiebel (fein gehackt), 1 Tasse Öl, 1/4 l Weißwein, 1/8 l Marsala, Salz, Pfeffer, Zitronensaft

Thunfischscheiben mit Zitronensaft beträufeln und mit Anchovisfilets spicken, Schinken und Speck in Öl dünsten, mit Weißwein und Marsala aufgießen, Thunfisch einlegen und bei geschlossenem Deckel langsam garziehen lassen.

Carack Ali

Er war der Jüngste der Runde, zeichnete sich zunächst als Stabschef Ali el-Ulujis aus und erhielt nach dessen Tod die Roßschweife des Kapudan Paschas zuerkannt. – Etliche Jahre gelang es ihm noch, die osmanische Flotte auf ihrem hohen Niveau einigermaßen zu halten, doch nach seinem Tod verfiel sie rasch zur Bedeutungslosigkeit.
Als gebürtiger Ungar pflegte er in seiner Küche leidenschaftlich das »Nationalgemüse« Paprika, das, vor kaum mehr als einem halben Jahrhundert aus der Neuen Welt importiert, dort so geschätzt wurde, daß man in Europa seine wahre Herkunft vergaß und es als »türkischen Pfeffer« bezeichnete.

Paprikahähnchen

2 Brathähnchen, 70 g Butter, 1 Zwiebel (in Ringe geschnitten), 1 TL Paprika (scharf), 2 EL Paprika (süß), Salz, 2 bis 3 Tomaten (in Viertel geschnitten), 2 rote, 2 grüne und 2 gelbe Paprikaschoten (in Streifen geschnitten), 1/2 l Rotwein, 2 Tassen saure Sahne, 1/2 Tasse süße Sahne

Brathähnchen und Zwiebel in Butter anbraten, würzen, mit Wein aufgießen, Tomaten und Paprika hinzufügen, 1 1/2 Stunden bei mittlerer Hitze im Ofen garen, kurz vor dem Anrichten mit saurer und süßer Sahne übergießen.

Zanderpaprika

1500 g Zander (in 2 cm breite Streifen geschnitten), Salz, 50 g Schmalz, 3 Zwiebeln (in Scheiben geschnitten), 2 Pfefferschoten (entkernt, in Streifen geschnitten), 2 Tomaten (klein gewürfelt), 3 TL Paprika (scharf), 250 g Champignons (in Scheiben geschnitten), 1/4 l saure Sahne

Fisch mit Salz einreiben. Zwiebeln in Schmalz goldgelb braten, Pfefferschoten zufügen, kurz mitdünsten, mit Paprika bestreuen. Fisch darauflegen, Tomaten und Champignons zufügen, bis knapp zur Hälfte mit Wasser auffüllen, zugedeckt bei guter Hitze gardünsten, am Ende der Garzeit saure Sahne zufügen und Soße sämig einkochen lassen.

Murad Reis

War es einfach Glück und Schläue, oder war es sein »Zauberbuch«, ein reichlich abgegriffenes Exemplar des Korans, in das er mit geschlossenen Augen den Finger steckte und die so aufgeschlagene Stelle als Orakel wertete – was immer er anpackte, es gelang ihm.
Berühmt wurde Murad Reis durch seinen Überfall auf die kanarische Insel Lanzarote, wo neben 300 anderen Einwohnern auch Mutter, Gattin und Tocher des spanischen Gobernadors in seine Hände fielen. Von einer Rückkehr nach Algier mit dieser Fracht, die die Strapazen der Überfahrt wohl schlecht überstehen würde und außerdem gefüttert werden müßte, riet das Zauberbuch dringend ab. So veranstaltete Murad Reis den Sklavenmarkt gleich an Ort und Stelle und hielt Ausverkauf der Angehörigen und Freunde derer, die dem Überfall entkommen waren. Als erster erschien der Gobernador, durfte gegen entsprechendes Entgelt seine Familie wieder abholen, und die anderen Spanier folgten seinem guten Beispiel.
Das Zauberbuch warnte Murad Reis rechtzeitig vor den spanischen Galeeren, die ihm in der Straße von Gibraltar auflauerten, riet ihm aber, die Admiralsgaleere *La Serena* mitzunehmen, sobald er glücklich wieder ins Mittelmeer geschlüpft war – zwei Ratschläge, die Murad Reis treulich befolgte.
Auch die Empfehlung, das Glück nicht länger herauszufordern und sich als Kommandant des Hafens von Algier in den Staatsdienst zurückzuziehen und seinen angesammelten Reichtum zu genießen, beherzigte er, lebte glücklich und zufrieden und wurde fast 100 Jahre alt.
Natürlich war auch Murad Reis kein Türke, sondern Albanier, und es gelang ihm das Kunststück, die beiden Aufgaben »Huhn« und »Meeresfrüchte« in einem Gericht zu vereinen, das, wenn man den Chronisten Glauben schenkt, seine ureigene Erfindung war und das heute noch in Albanien und Südjugoslawien gerne gegessen wird.

Hähnchen mit Scampi gefüllt

2 Brathähnchen, 250 g Zuckererbsen, 500 g Scampi (gebrüht, geschält; man kann auch Krebsschwänze oder geschälte Krabben verwenden), 2 Eier, 1 bis 2 EL Milch, 2 Scheiben Weißbrot, 4 EL saure Sahne, 2 EL Semmelbrösel, Salz, Pfeffer, 6 EL Butter

Zuckererbsen in Butter dünsten, Scampi, saure Sahne, Semmelbrösel, das in geschlagenem Ei und Milch eingeweichte, nur leicht ausgedrückte Weißbrot zugeben und alles gut durchmischen. Hähnchen salzen, pfeffern, füllen, zunähen und gut 1 Stunde in Butter braten.

Frauenschenkel und anderes

Nein! Kein Kannibalismus! Die Orientalen lieben nur mitunter höchst blumige Bezeichnungen für ihre Speisen.
Hier noch ein paar weitere Rezepte – sozusagen außer Konkurrenz – jener Festessen, die einfach zu delikat sind, um verschwiegen zu werden.

Frauenschenkel

1000 g Hackfleisch (Lamm oder Hammel), 4 bis 6 Zwiebeln (fein gehackt), 2 Tassen Reis, Salz, Pfeffer, Paprika (scharf), Mehl, 4 Eigelb (geschlagen), Öl

Reis ca. 15 Minuten garen. Hälfte der Zwiebeln und des Hackfleisches in einer Pfanne unter ständigem Rühren anbraten, mit Salz und Pfeffer abschmecken. Rest von Hackfleisch und Zwiebeln mit gekochtem Reis, Salz, Pfeffer und Paprika gut durchkneten, in flache Ovale aufteilen, mit gebratenem Hackfleisch füllen, in Eigelb und Mehl wenden, in Öl scharf anbraten, dann zugedeckt bei schwacher Hitze gar schmoren lassen.
Wie das nächste Rezept entstammt dieses der Küche von Murad Torghud, der türkischen Küche also.

Der Imam fiel in Ohnmacht

4 Auberginen (Stiele und Kappen abgeschnitten), Öl, 2 bis 3 Zwiebeln (in feine Scheiben geschnitten), 500 g Tomaten (gehäutet, in Scheiben geschnitten), 3 Knoblauchzehen (zerdrückt), Salz, Pfeffer, 1 Lorbeerblatt, 1 Zimtstange, 2 Bund Petersilie (fein gehackt), 12 schwarze Oliven, 12 Sardellenringe

Auberginen ca. 5 Minuten in Öl braten, herausnehmen, nach Wunsch häuten, halbieren, aushöhlen, daß ringsum ca. 1 cm Fruchtfleisch stehen bleibt. Zwiebeln in Öl goldgelb braten, übrige Zutaten außer Oliven und Sardellen zugeben, 20 Minuten dünsten, Lorbeerblatt und Zimtstange entfernen, mit der Masse die Auberginenhälften füllen, in ausgefettete feuerfeste Form legen und 10 Minuten im Ofen überbacken, mit Oliven und Sardellenringen garnieren.
Der Name für dieses Gericht ist heute meist »Die Wonne des Imam«, der ursprüngliche Name wurde auf ein ähnliches Vorgericht übertragen.

Leber mit Äpfeln

1000 g Leber (Hammel oder Schwein; in 3 mal 3 cm große, dünne Scheiben geschnitten), Pfeffer, grüne Minze (reichlich, fein gehackt), 500 g Zwiebeln (in Scheiben geschnitten). Öl, 500 g Äpfel (eher säuerlich; in Achtel geschnitten), 1/4 l Weißwein, Salz

Zwiebeln in Öl anbraten, Leber zufügen, würzen, Äpfel zugeben, alles bei großer Hitze anbraten, Wein zugeben und bei mäßiger Hitze schmoren, bis die Flüssigkeit fast völlig verdampft ist, kurz vor dem Servieren salzen.
Dieses Gericht ist von einem Bankett Aydin Cacciadiavolos überliefert, also wohl marokkanischen oder südspanischen Ursprungs.

Hammel mit Pfirsichen

1000 g Hammel (Schulter oder Schlegel; gewürfelt), 3 Zwiebeln (in Scheiben geschnitten), 3 Knoblauchzehen (fein gehackt), Salz, 1/2 Tasse Öl, 1 TL grüne Minze und 1 TL Petersilie (fein gehackt), Pfeffer, 1/2 Sellerieknolle (in kleine Stücke geschnitten), 2 Stangen Lauch (in Ringe geschnitten), 8 Pfirsiche (weiße lieber als gelbe; in Achtel geschnitten), 1/2 l Rot- oder Roséwein, 1/8 l süße Sahne

Hammel in Öl scharf anbraten, würzen, Gemüse und Pfirsiche zugeben, mit Wein aufgießen, zugedeckt 1½ Stunden bei mittlerer Hitze im Ofen schmoren lassen, kurz vor dem Anrichten mit Sahne übergießen.
Azor Kheyr-ed-Din Barbarossa höchstpersönlich hatte dieses Gericht unter seine Tafelfreuden aufgenommen.

Schweinsfilet in Salbeiblättern

4 Schweinsfilets, Salz, Pfeffer, Zitronen- und Orangenschale (abgerieben, evtl. auch Pulver), Salbeiblätter (frisch!)

Filets mit Salz, Pfeffer, Zitronen- und Orangenschale kräftig bestreuen, in Salbeiblätter wickeln und einbinden, über dem Holzkohlengrill langsam gut 10 Minuten grillen – im Gegensatz zu Rindsfilet soll Schweinsfilet »durch« sein –, aus den Salbeiblättern nehmen.
Von Ali el-Uluji wurde dieses kalabrische Rezept überliefert.

Stör morawa

1500 g Stör oder Sterlet (man kann auch Hecht oder Lachs verwenden), 250 g Butter, Salz, Pfeffer, 3 bis 4 Zitronen, 2 EL Petersilie (fein gehackt)

Fisch in heißes Wasser legen, nach einigen Minuten herausnehmen und Haut abziehen, würzen, in eine Kasserolle legen, mit zerlassener Butter übergießen und im Ofen 30 Minuten braten, mehrfach mit Butter aus der Kasserolle übergießen, zum Anrichten mit Petersilie bestreuen, mit Zitronensaft beträufeln und mit Zitronenscheiben belegen.
Murad Reis, offenbar nicht nur ein erfolgreicher Pirat, sondern auch ein ausgezeichneter Koch, gilt als Urheber auch dieses Gerichtes.

Fleischbällchen mit Zitronensoße

1000 g Hackfleisch (Rind, Schwein, Hammel), 100 g Weißbrot (in Wasser eingeweicht, ausgedrückt), 1 Zwiebel (fein gehackt), Salz, Pfeffer, 1 Ei, Mehl, ½ Tasse Öl, 2 Eigelb, 3 EL süße Sahne, Saft 1 Zitrone

Aus Hackfleisch, Weißbrot, Zwiebel, Ei, Salz und Pfeffer einen Teig anrichten, ziemlich kleine Fleischbällchen formen und in Mehl wenden. In der Pfanne Öl mit 2 Tassen Wasser zum kochen bringen, Fleischbällchen einlegen und 30 Minuten bei schwacher Hitze garen. Eigelb und Sahne schaumig schlagen, Zitronensaft tropfenweise zufügen, vor dem Anrichten Zitronensoße in den Bratenfond einrühren.
Il Moro zeichnet für dieses arabische Rezept verantwortlich.

Ungarische Fischsuppe

1000 g Fisch (Schill, Karpfen, Wels, Sterlet gemischt), Salz, 3 Zwiebeln (in Scheiben geschnitten), 3 EL Paprika (scharf), 2 Paprikaschoten (in Streifen geschnitten)

Fischabfälle mit Salz und Zwiebeln in Wasser aufkochen, Paprika zufügen und 1 Stunde bei mäßiger Hitze kochen. Fisch in ca. 5 cm dicke Scheiben schneiden, salzen, in einen Topf der Reihe nach schichten: Schill, Karpfen, Wels, Sterlet, Paprikaschote. Fischbrühe durch ein Sieb darübergießen und 20 Minuten gar kochen lassen, dabei nicht(!) umrühren, nur den Topf schütteln.
Dieses Gericht, das heute vor allem um Szegedin beliebt ist, stand auf der Tafel Carack Alis.

Getränke

Außer Sinan dem Juden gehörten die Herren ja alle offiziell dem Islam an, d.h. Alkohol war ihnen vom Propheten verboten worden. Doch wie schon die recht häufige Verwendung von Wein innerhalb der Kochrezepte bestätigt, nahmen sie es mit diesem Verbot nicht allzu genau.

Wein

War zweifellos das wichtigste Getränk und wurde, wie in jeder kultivierten Küche, in Farbe und Geschmack den Bedürfnissen des jeweiligen Gerichtes angepaßt, wobei allerdings die Tendenz zu eher leichten, eher lieblichen Weinen unverkennbar ist. Favorit waren die in der Tat ja auch vorzüglichen Roséweine aus Algier, die sich Azor Kheyr-ed-Din und Ali el-Uluji in ganzen Schiffsladungen nach Istanbul bringen ließen.

Raki

Raki wird aus Weintrauben gebrannt und ist – allen islamischen Verboten zum Trotz – seit jeher ein türkisches Nationalgetränk.
Raki wird folgendermaßen getrunken: Einen Schluck eiskalten (!) Raki pur und kühles Wasser nachtrinken, oder Raki und Wasser im Glas mischen. Der Raki wird, ähnlich dem Pernod, dann milchweiß.

Kaffee

Richtig kann man türkischen Kaffee nur in einem »Cezve« zubereiten, einem sich nach oben verengenden Emaille- oder Kupfergefäß mit langem Stil.

Für eine Tasse Kaffee braucht man 1 1/2 TL Kaffee (möglichst frisch!), 1 Stück Würfelzucker, 1 kleine Tasse kaltes Wasser. Die Zutaten werden in das Cezve gegeben und unter ständigem Umrühren ganz, ganz langsam erhitzt, bis es schäumt, Schaum in die Tasse abgießen, Rest nochmal aufkochen bis er hochsprudelt und zum Schaum in die Tasse gießen.

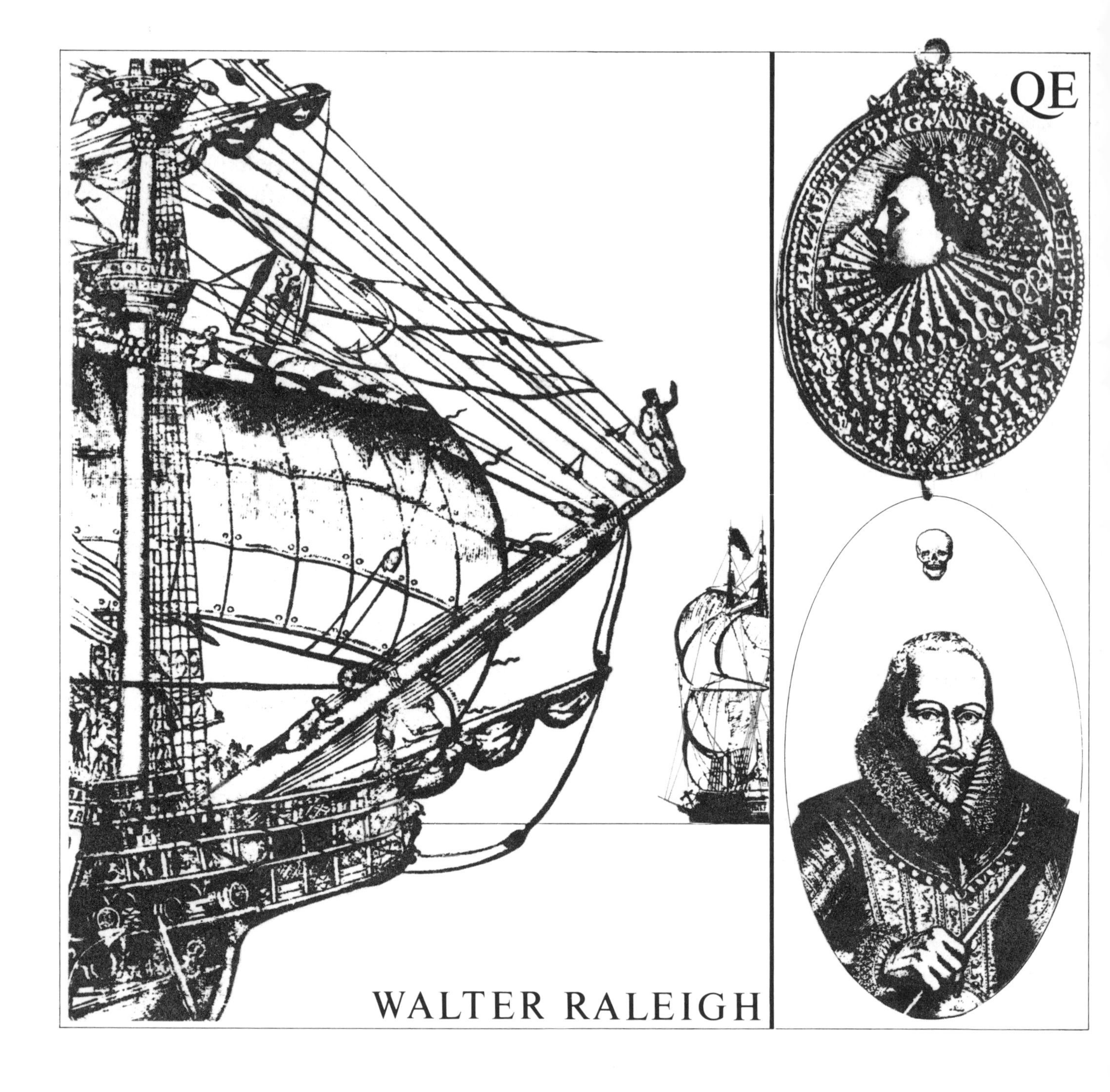
QE
WALTER RALEIGH

DIE AUSGESCHLOSSENEN AUS DER NEUEN WELT

»Da Colomb gewisse entlegene Inseln und Festländer entdeckt hat, so geben Wir aus freiem Entschluß und ohne Eures oder jemandes Antrieb und aus apostolischer Machtvollkommenheit all diese neu entdeckten Inseln und Länder, soweit sie noch keinem christlichen König gehören, Euch und Euren Erben und verbieten allen anderen, bei Strafe der Exkommunikation, dahin zu fahren und ohne Eure Erlaubnis Handel zu treiben.«
Also schrieb Papst Alexander VI. Borgia am 3. Mai 1493 in einer Bulle an den König von Spanien, griff zum Lineal, zog 100 Seemeilen westlich der Azoren eine Linie von Pol zu Pol, und verteilte die Neue Welt westlich dieser Linie an Spanien, östlich – Brasilien – an Portugal, während der Rest Europas, zumal Frankreich und England, leer ausgingen.

Die Staatspiraten

Die Franzosen – nicht wie allgemein angenommen die Engländer – waren die ersten, die auf Abhilfe dieser Ungerechtigkeit sannen, eifrig und großzügig von ihren jeweiligen Monarchen unterstützt und faktisch in den Status von »Staatspiraten« erhoben.
Ganze Flotten von Seeräubern segelten aus, um Gold und Silber Westindiens in französische und englische Taschen zu schaufeln. Sehr schwierig war das Problem ja nicht zu lösen. Das Einsammeln der Schätze konnte man samt dem Transport über den Atlantik auch weiterhin ruhig den Spaniern überlassen, man mußte nur dafür sorgen, daß die schwer beladenen Schiffe nicht in Sevilla, sondern in Bordeaux, Plymouth, St. Malo, Portsmouth, Dieppe oder London ausgeladen wurden. Die wohlbestückten kleinen und wendigen Kaperschiffe brauchten sich nur an den üblichen Marschrouten der spanischen Flotas auf die Lauer zu legen und abzuwarten, bis die mächtigen Galeonen mit prozessionshafter Langsamkeit über die Kimmung heraufgezogen kamen, und dann ihre Auswahl unter den Beuteschiffen zu treffen.

Die prachtvollen großen Karavellen und Galeonen der Spanier waren ohnehin mehr mit Fracht und Passagieren als mit Kanonen bepackt, sie zeigten daher selten Lust zum Kämpfen, und wenn auch, so waren sie ihren Gegnern trotz imponierender Größe hoffnungslos unterlegen.
Engländer waren es dann, die als erste auch noch in die »verbotene« Welt selbst vordrangen und sich alsbald, spanischem Protestgeschrei zum Trotz, dort festsetzten.
Sir John Hawkins, Sir Martin Frobisher, Sir Walter Raleigh, Sir Thomas Cavendish, Sir Robert Greynville, und der größte von allen, Sir Francis Drake – alle miteinander von Königin Elisabeth I. für ihre durchaus piratischen Verdienste gegen Spanien zu Rittern geschlagen und geadelt – sind so bekannt und berühmt geworden, daß wir hier verzichten könne, ihre »Heldentaten« (aus englischer Sicht) bzw. »Greueltaten« (aus spanischer Sicht) nochmals nachzuzeichnen.

Die Bordküche der Atlantikfahrer

Wir, die wir größere Entfernungen in Flugstunden zu berechnen pflegen, sind uns kaum noch bewußt, wie groß der »große Teich« in jenen Tagen tatsächlich war. Extreme Gefahren wie schwere Stürme und dergleichen ausgeklammert, dauerte die »Bergfahrt« von Europa nach Amerika (gegen Golfstrom und vorherrschende Winde) in der Regel drei Monate, die »Talfahrt« zurück nach Europa (Golf und Wind im Rücken) immer noch rund sechs bis sieben Wochen – Reisezeiten, die Proviantmeister vor ernsthafte Versorgungsprobleme stellten.

Wie man diese Probleme zu bewältigen versuchte, zeigt die erhaltene Proviantliste, die 1519 für das kleine Geschwader zusammengestellt wurde, das unter dem Oberbefehl von Fernão Magalhães auslief, um die Welt zu umrunden: 10 Tonnen Zwieback, 6000 Pfund Pökelfleisch, 500 Fässer Wein, 210 Pfund Bohnen, 720 Pfund Mehl, 500 Pfund Speck, 250 Schnüre Knoblauch, 2525 Pfund Käse (Schafs- und Ziegenkäse natürlich), 1217 Pfund Honig, 70 Pfund Mandeln, 150 Fässer Sardellen, 10000 Sardinen, 1687 Pfund Rosinen, 180 Pfund Dörrpflaumen und pro Schiff vier Kisten Quittenmarmelade, nur für das Flaggschiff eine Vorzugsration von 35 Kisten.
Zwar lassen diese Angaben, da die Mannschaftsstärke und die Dauer, auf die diese Vorräte berechnet waren, keine Pro-Tag- und Pro-Kopf-Berechnungen zu, auch handelt es sich hierbei um Schiffe, die unter spanischer Flagge segelten, doch liegt der Schluß nahe, daß sich die Bordvorräte

französischer Korsaren – bei den halbamtlichen Seeräubern Frankreichs schätzte man den Begriff »Pirat« nicht sonderlich – hiervon nicht wesentlich unterschieden haben, wie auch, daß sich aus diesen Zutaten durchaus schmackhafte und nahrhafte Mahlzeiten zubereiten ließen.
Als Beispiel ein altes Rezept aus St. Malo:

Süßes Pökelfleisch

1000 g Pökelfleisch, 3 EL Öl, 5 Knoblauchzehen (grob gehackt), Pfeffer, 15 bis 20 Dörrpflaumen, 3 Tassen Rotwein (eher säuerlich), 3 EL Mandeln (gemahlen)

Fleisch in Wasser fast (!) weichkochen, in 2 cm große Würfel schneiden, in einer Pfanne Knoblauch in Öl kurz anbraten, Fleisch und übrige Zutaten außer Mandeln zugeben und gardünsten, eventuell etwas Fleischbrühe nachgießen, nicht salzen!, am Schluß mit Mandeln bestreuen.

Während man sich auf kontinental-europäischen Schiffen um eine zumindest einigermaßen akzeptable Bordküche bemühte, wurde – und das weit bis ins 19. Jahrhundert hinein – bei den Engländern, zumal bei der glorreichen Royal Navy – ein Fraß ausgegeben, den ein Bauer an seine Schweine zu verfüttern sich geweigert hätte und der wiederholt zu durchaus berechtigten Meutereien geführt hat (ohne daß sich deshalb allzuviel geändert hätte).

Hauptnahrungsmittel war Hartbrot oder Zwieback – »Schleifstein« oder »Knaller« genannt –, dessen Mehl nicht selten mit Kleie oder Sägemehl gestreckt wurde und so hart war, daß man es kaum noch mit dem Hammer entzweischlagen konnte. An Land hielt sich dieses Hartbrot jahrelang, auf See zog es freilich im Laufe der Wochen Feuchtigkeit, schimmelte und wurde von Maden befallen. Eingesalzenes Pökelfleisch hätte man zwar durch längeres Wässern genießbar machen können, aber Süßwasser war kostbar und wurde nur in genau abgemessenen Mengen ausgegeben. Das war um so schlimmer, als das versalzene Fleisch ununterbrochen brennenden Durst erzeugte. Frisches Fleisch gab es nur für die Offiziere, und zu diesem Zweck befanden sich ein paar quicklebendige grunzende Schweine, blökende Hammel und einige Dutzend gackernde Hühner an Bord.

Für die Mannschaft wurde in der Schiffsküche – meist »Schreckenskammer« genannt – vom »Schmutzigen« (das ist die wörtliche Übersetzung von »Smutje«) Eintopf aus getrockneten Erbsen, Linsen, Bohnen und Hirse gekocht. Doch wurde dieser Eintopf selten gar, und das Trockengemüse rollte wie Kieselsteine in den Töpfen und Mägen. Mit dem Trinken war es nicht besser bestellt. Das Wasser, das, wie gesagt, in kleinen, genau eingeteilten Mengen ausgegeben wurde, war oft schon nach kurzer Zeit der Fahrt nahezu ungenießbar, was man mit einem Schuß Essig gerne zu überdekken trachtete – Bier und Wein waren da entschieden haltbarer –, es faulte in den Fässern, war von einer grünlichen Algenschicht bedeckt, und ein reichliches Kleintierleben entwickelte sich in ihm. Ansonsten gab es pro Tag eine Pinte »Rum« genannten billigen, aber hochprozentigen Alkohol für jeden Matrosen. Viele Männer hätten gerne auf diesen fragwürdigen Genuß verzichtet, aber zu den harmloseren Disziplinarstrafen an Bord gehörte der Entzug dieses Fusels für eine Woche oder länger, und so schluckte ein jeder mit Todesverachtung, da er sich sonst unangenehmere Strafen eingehandelt hätte.

Die einzigen Wohlernährten an Bord waren die zahllosen Schaben, Kakerlaken, Flöhe, Läuse, Wanzen und sonstiges Ungeziefer, das unausrottbar in den Spalten und Ritzen des Schiffsholzes und der nur dann und wann vom Regen durchgewaschenen Kleidung der Matrosen hauste und ungeniert über Vorräte und Menschen herfiel. Auch die Heerscharen der Ratten, die in unzugänglichen Löchern der unteren Decks hausten, waren so dreist, daß sie gelegentlich sogar die Zehen schlafender Matrosen anzuknabbern versuchten.
Überhaupt war das Leben an Bord nicht nur im 16., sondern auch im 17. Jahrhundert, jener Epoche, in der zumal die Kriegsschiffe das wohl prachtvollste waren, das je die Meere befuhr – schlanke Masten, himmelhoch aufragende Segeltürme, farbig bemalte Bordwände mit überreichem Zierrat und herrlichem Schnitzwerk, vom elegant geschwungenen Galion bis zum prunkvollen Heckspiegel von Gold blitzend und glitzernd –, ebenso wie im 18. und noch bis weit ins 19. Jahrhundert hinein alles andere als ein Vergnügen!

All diese so prachtvollen Schiffe waren kalt, naß, zugig, voll Ungeziefer und stanken wie die Pest. Nicht nur der beißende Geruch des Teers und der verschiedenen Mixturen aus Teer, Schwefel, Ruß, Talg, Pech und Terpentin war allgegenwärtig, denn vom Kiel bis zum Masttopp war das Schiff von ihnen durchtränkt, um es widerstandsfähig gegen Seewasser und Holzwurm zu machen. Nicht minder übel stank das Bilgewasser, das sich im untersten Schiffsraum sammelte und jeden Morgen ausgepumpt werden mußte, denn mehr oder weniger leckten die Holzschiffe alle ein bißchen. In dieses nasenbetäubende Duftbukett mischten sich Latrinengerüche – als Latrinen diente das Galion oder ganz einfach die Reling –, der Gestank des faulenden Trinkwassers und toter Ratten, höchst lebendiger Schweine, Hammel und Hühner. Dazu kamen die Ausdünstungen von oft Hunderten ungewaschener, auf engstem Raum zusammengedrängter Menschen, die oft wochenlang in denselben Kleidern steckten, denn Matrosen pflegten in ihren Kleidern auch zu schlafen.

Qualvoll war die Enge der Mannschaftsunterkünfte im Vorschiff und den Batteriedecks, denn die Schiffsbaumeister dachten zwar an trockene Pulverkammern, an die Aufstellung der Kanonen, Unterbringung von Vorräten, an Reservesegel, Reservespieren, Reservetaue, an Waffen- und Munitionslager und tausend andere Dinge, nie aber daran, daß auch Menschen auf diesen Schiffen hausen mußten. Nur den Offizieren wurden halbwegs erträgliche Unterkünfte zugestanden, während sich der einfache Matrose in eine Hängematte quetschen mußte, für die er nicht mehr als 50 cm Breite zur Verfügung hatte. Mußten gar wegen grober See die Stückpforten geschlossen werden, durch die immerhin ein gewisses Maß an Frischluft in die Batteriedecks gelangte, so erloschen bald auch die Lampen, die den Raum mühsam erhellten, wegen Mangels an Sauerstoff.

Irgend jemand hat für die Epoche der großen Segelschiffe den Begriff der »romantischen Seefahrt« geprägt. Doch »romantisch« war allenfalls der Anblick dieser Schiffe, wenn sie zu Flottenparaden auffuhren oder wenn sie zu Beginn einer Schlacht in Kiellinie aufeinander zuliefen.
Das Leben an Bord war von grausamer Härte und voll von Entbehrungen.
Doch zurück zu unserem eigentlichen Thema: Daß die Engländer nichts vom Kochen verstehen, ist sicher eine bösartige Verleumdung, ein kontinental-europäischer Gaumen ist vermutlich nur außerstande, die Feinheiten englischer Kochkunst zu begreifen. So möchte ich Ihnen ein »klassisches« Rezept nicht vorenthalten (ich bekam es im besten Hotel von Dover auf die Bitte nach einem maritimen Nationalgericht vorgesetzt):

Dover-Sole (Dover-Seezunge)

4 Seezungen (gehäutet, ausgenommen), kräftig salzen und bei größtmöglicher Hitze schnell grillen – außen muß der Fisch verkohlt, innen roh sein.
Als Beilage geben Sie Erbsen in der traditionellen englischen Art, d. h. kurz eingeweicht und kurz gekocht, die Erbsen müssen zwar lauwarm sein, aber die Knackigkeit von Kieselsteinen behalten!

Was in der Bordküche des einen wie des anderen Falles fehlte, waren frisches Obst oder Gemüse oder zumindest irgendein entsprechendes Äquivalent, was nach einigen Wochen dieser einseitigen Ernährung unweigerlich zur »Geisel der Seefahrt«, dem Skorbut, führte – ich werde auf dieses Thema noch ausführlicher zu sprechen kommen.

Und noch etwas fällt in den zeitgenössischen Berichten auf: Selbst auf den entsetzlichsten Hungerfahrten, zumal bei den ersten Pazifiküberquerungen, wo man Segeltuch und Leder zu kochen versuchte, mit Sägemehl die knurrenden Mägen wenigstens mit irgend etwas zu füllen probierte und erschlagene Ratten zur Delikatesse avancierten, scheint niemand auf die Idee gekommen zu sein, Fische zu fangen, nicht einmal jene, die, laut Antonio Pigafetta, dem Chronisten der Reise Magalhães', in großen Scharen im Kielwasser der Schiffe folgten und »die tiburoni heißen. Sie haben schreckliche Zähne und fressen Menschen« – Haie also. War es die Scheu vor indirektem Kannibalismus, die diesen teilweise höchst wohlschmeckenden Fisch – auch heute noch vielfach – aus dem Speisezettel verbannte?

Die Neue Welt in der Küche

Die Entdeckung der Neuen Welt hat die Alte Welt nicht nur politisch und wirtschaftlich gründlich verändert, sie hatte auch auf die abendländischen Küchen nachhaltigste Wirkung:
Werfen Sie doch nur einmal einen Blick auf Ihren Frühstückstisch – den Zucker verdanken Sie der Entdeckung Christoforo Colombos, ebenso den Kakao, den die Indios so hoch schätzten, daß sie ihn als Zahlungsmittel verwendeten, und wohl auch den Kaffee, auch wenn sich die Historiker da nicht ganz einig sind und ihn gelegentlich von den Türken herleiten. Doch denen wurde viel »Exotisches« zugeschrieben, der »türkische Pfeffer« etwa oder der »türkische Weizen«, Paprika und Mais, die in Wahrheit aus Amerika stammen.
Oder können Sie sich beispielsweise die italienische Küche ohne Tomaten denken? Die ersten Europäer in der Neuen Welt waren von dieser Frucht so begeistert, daß sie sie »Poma d'Oro« – »Goldapfel« nannten, oder gar »Amoris Poma« – »Liebesapfel«, ihr einschlägige geheime Kräfte zuschrieben und sie zum Nationalgemüse erkoren. Die nüchternen Engländer übernahmen kaum verändert den aztekischen Namen »tomatl« – Tomate, der auch im Deutschen üblich wurde.
Oder sind Sie sich dessen bewußt, daß die Kartoffel vor 450 Jahren als höchst seltenes, exotisches und überdies »gefährliches« Gemüse galt, da oft statt der Knollen die bekanntermaßen giftigen Früchte gekocht und gegessen wurden? Der vermutlich früheste Bericht einer Kartoffelmahlzeit auf europäischem Boden hängt, wieder einmal, mit Piraten zusammen, den Herren Ango aus Dieppe.

Jean Ango père und fils

Man nannte sie, durchaus zu Recht, die »Medici Frankreichs«, die Herren Jean Ango père und fils, die in der ersten Hälfte des 16. Jahrhunderts in Dieppe residierten und nicht nur als ungewöhnlich erfolgreiche Staatspiraten, sondern auch als Großkaufleute, Kolonisten und Mäzene für Kunst und Wissenschaft galten. Die Ziele waren weit gesteckt: Neufundland mit seinen reichen Fischbänken, Afrika, wo sie die Niederlassung Neuf Dieppe gründeten, Brasilien und sogar Sumatra. Andere Unternehmen wurden mitfinanziert, so 1534 die Entdeckung Kanadas und die Gründung der ersten französischen Kolonien dort durch Jacques Cartier aus St. Malo.
Für Generationen hatten die Angos Dieppe zur reichsten Handelsmetropole Frankreichs gemacht, und an ihrer Tafel versammelten sich italienische Astronomen, portugiesische Piloten, die Entdecker Verrazzano und Parmentier, bekannte Freibeuter wie Jean Fleury, Silvestere Bille und Hervé de Portzmoguer, arabische Astrologen, Geographen aus aller Herren Länder und berühmte Dichter, wie sich ja auch Ango Vater und Ango Sohn selber gelegentlich höchst gekonnt in Versen ausdrückten und ihr Lieblingsschiff *La Pensée* (der Gedanke) nannten.

1522 gelang einem ihrer Kapitäne, Jean Fleury, ein Fang, der weltweites Aufsehen erregte. Hernán Cortés, der Eroberer Mexikos, hatte die kostbarsten Stücke aus dem Kronschatz Moteczumas auf drei Galeonen verladen lassen und sie mit einer starken Wachflotte nach Spanien geschickt. Mit

fünf kleinen Schiffen griff Jean Fleury den Geleitzug an, eroberte zwei Schatzgaleonen, und wenn ihm auch die dritte entwischte und heil nach Spanien gelangte, so enthielten die beiden anderen, als sie in Dieppe entladen wurden, immer noch Dinge, die selbst so verwöhnten Beutemachern noch den Atem verschlugen. Zu den »Schätzen« gehörten auch einige Säcke Kartoffeln, und Jean Fleury ließ es sich nicht nehmen, seine Herrn und Meister samt einigen auserwählten Gästen an Bord der *La Pensée* zu einem Bankett zu laden, dessen 42 Gänge ausschließlich aus dem Genuß dieser auf verschiedenste Art zubereiteten Knolle bestand.
Einige der überlieferten Rezepte, Kartoffeln mit oder ohne Schale gekocht, als Püree, als Knödel, als Salat mit oder ohne Majonäse, eventuell mit kleingehackten Essiggurken, Silberzwiebeln oder harten Eiern angereichert, sind heute Selbstverständlichkeiten; Kartoffeln frittiert als »pommes frites« oder »pommes croquettes« blieben lange eine französische Spezialität; Kartoffeln in Wein oder Bier anstatt in Wasser gekocht, ergibt durchaus interessante Geschmacksnoten, zumal bei Pürees; Kartoffeln roh in Honig oder Weinessig eingelegt oder heiß mit Kakao- oder Schokoladesoße übergossen, entspricht wohl weniger unserem heutigen Geschmack.
Hier noch ein paar weitere Rezepte jenes historischen Kartoffel-Banketts:

Kartoffelsuppe

350 g Kartoffeln (geschält, in kleine Stücke geschnitten), 100 g Sellerie (klein geschnitten), 100 g Möhren (klein geschnitten), 1 Lorbeerblatt, 5 Pfefferkörner, 5 Kardamonkörner (gemahlen), Salz, 1 l Fleischbrühe, 4 Zwiebeln (fein gehackt), 1 EL Butter, 1/8 l süße Sahne, 100 g durchwachsener Speck (klein gewürfelt), 3 TL Petersilie (fein gehackt)

Kartoffeln, Sellerie, Möhren, Lorbeerblatt, Pfefferkörner, Kardamon, Salz in Fleischbrühe 25 Minuten kochen, anschließend durch ein Sieb streichen. Zwiebeln und Speck in Butter braten, bis die Zwiebeln goldbraun sind, mit der Sahne in die Suppe einrühren, mit Petersilie bestreuen.

Kartoffeln à la Dieppe

1000 g Frühkartoffeln (klein, rund; geschält), Salz, Fritieröl

Kartoffeln in Salzwasser halb gar kochen, abtropfen und erkalten lassen. In einer Friteuse in Öl backen, bis sie eine schöne goldgelbe Kruste haben, ggf. etwas nachsalzen und pfeffern.
Dieses Rezept gilt heute noch für Dünkirchen als typisch.

Gebackene Schinkenkartoffeln

1000 g Kartoffeln (geschält), 250 g gekochter Schinken (in Scheiben), Salz, Pfeffer, Muskat (gemahlen), 5 Salbeiblätter (fein gehackt), 2 EL Butter, 100 g Hartkäse (gerieben), 3 EL süße Sahne

Kartoffeln halbieren, mehrfach einschneiden (jedoch nicht durchschneiden!), Schinkenstücke einschieben. In einer feuerfesten Form Butter zergehen lassen, Kartoffeln mit der flachen Seite nach unten einlegen, würzen, 30 Minuten bei guter Hitze im Ofen backen, mit Sahne übergießen und mit Käse bestreuen und 5 bis 10 Minuten weiterbacken lassen.

Kartoffelspieße

750 g Kartoffeln (mittelgroß, in knapp fingerdicke Scheiben geschnitten), 500 g Zwiebeln (in ca. 3 mm dicke Scheiben geschnitten), 300 g Zucchini (in halbfingerdicke Scheiben geschnitten), 300 g mageren Räucherspeck (in ca. 3 mm starke Scheiben geschnitten), Knoblauchzehen (ganz oder halbiert), Salz, Pfeffer, Kümmel, Öl

Kartoffelscheiben würzen, 10 Minuten ziehen lassen, dann Zutaten auf Spieße stecken, und zwar Kartoffel, Zwiebel, Speck, Knoblauch, Zucchini, Kartoffel usw., gut mit Öl beträufeln und bei eher schwacher Hitze ganz langsam gar grillen.

Kartoffelnudeln

1000 g Kartoffeln (am Vortag gekocht, geschält, durch die Kartoffelpresse gedrückt), 150 g Mehl, 1 bis 2 Eier, Salz, Muskat, 1 EL grüne Kräuter (fein gehackt), Ei, 150 bis 200 g Haselnüsse oder Mandeln (fein gemahlen), Fritieröl

Aus durchgepreßten Kartoffeln, Ei, Mehl, Salz, Muskat und Kräutern einen festen Teig kneten und fingerlange, fingerdicke Rollen formen, in Ei und Nüssen wälzen und in der Pfanne oder Friteuse in Öl hellbraun backen.

Kartoffelpfanne

750 g Kartoffeln (geschält, in fingerdicke Scheiben geschnitten), 200 g Zwiebeln (in Scheiben geschnitten), 250 g Hühner- oder, besonders wohlschmeckend, Gänsefleisch (kleingeschnitten, können Reste sein), 1 bis 2 EL grüne Kräuter (fein gehackt), Salz, Pfeffer, 150 g Hartkäse (gerieben), 10 bis 15 Knoblauchzehen (zerdrückt – Sie haben richtig gelesen, die Menge ist kein Druckfehler, sondern Originalrezept!), 50 g Butter, 3/4 l süße Sahne

Butter in feuerfester Form zergehen lassen, in Schichten Kartoffeln, Käse, Zwiebeln, Fleisch einschichten und jeweils würzen, mit Käse abschließen, mit Sahne begießen und zugedeckt bei kräftiger Hitze ca. 50 Minuten im Ofen garen.

Außer in südlichen Ländern ist es dank des reichlichen Knoblauchs ratsam, sich für zwei bis drei Tage nur unter jenen Menschen zu bewegen, die an dem Essen teilgenommen haben.

Die Enttäuschung der Spanier war furchtbar, als sie vom Verlust der beiden Schatzschiffe hörten, und es ist begreiflich, daß die Geschädigten kein Erbarmen kannten, als die vom Sturm abgetriebene *La Pensée* 1527 von den Portugiesen gekapert und Mannschaft und Kapitän an die Spanier ausgeliefert wurden: Jean Fleury und seine Männer wurden in Toledo unter dem Jubel der Bevölkerung gehängt.
Jean Ango fils schlug gnadenlos zurück. Mit 17 Schiffen landete er an der Küste Portugals und plünderte einen Ort nach dem anderen, bis die verzweifelten Portugiesen und Spanier in Paris vorstellig wurden und König François I. um Vermittlung baten.
»Ihr hättet Jean Ango nicht reizen sollen«, antwortete der König den Gesandten, »er hat mehr Schiffe als ich und mindestens doppelt so viel Geld… Wenn Ihr Frieden wollt, müßt Ihr schon mit ihm selber verhandeln.«
Es blieb Kaiser Karl V. und dem König von Portugal nicht erspart, Jean Ango, dessen Männer sie als Piraten aufgeknüpft hatten, hohen Schadenersatz zu zahlen und in demütigster Form um Frieden zu bitten.

Sir Walter Raleigh

»Das strahlende Juwel in der Krone der Königin« nannten ihn die Hofschranzen Elisabeths I., während der geistvolle und hochgebildete Francis Bacon, Baron of Verulam, behauptete, er »leuchte und glühe wie faulendes Holz«.

Wie auch immer, Sir Walter Raleigh hat mit der zunächst nicht übermäßig erfolgreichen Besiedlung der ersten englischen Kolonie in der Neuen Welt, Virginia, genannt nach seiner »jungfräulichen« Monarchin, sowie zwei katastrophalen Expeditionen zur Orinokomündung auf der Suche nach »El Dorado«, dem Vergoldeten bzw. dem Goldland, nicht nur seinen festen Platz als Staatspirat in der englischen Kolonialgeschichte, sondern auch in der Geschichte der Genüsse.

Die Anekdote, daß ein neu eingestellter Diener Sir Walter einen Kübel Wasser über den Kopf geschüttet haben soll, als dieser gemütlich sein Pfeifchen schmauchte, eine Kunst (oder Laster?), das er von den Indios gelernt hatte, weil er glaubte, im Kopf seines Herren sei eine Feuersbrunst ausgebrochen, als er Rauchwolken aus dessen Mund aufsteigen sah, ist hinlänglich bekannt.

Zwar hat das »Tabak-Trinken«, wie man es damals nannte, nur am Rande mit kulinarischen Genüssen zu tun, der Vollständigkeit halber sei es hier jedoch auch erwähnt.

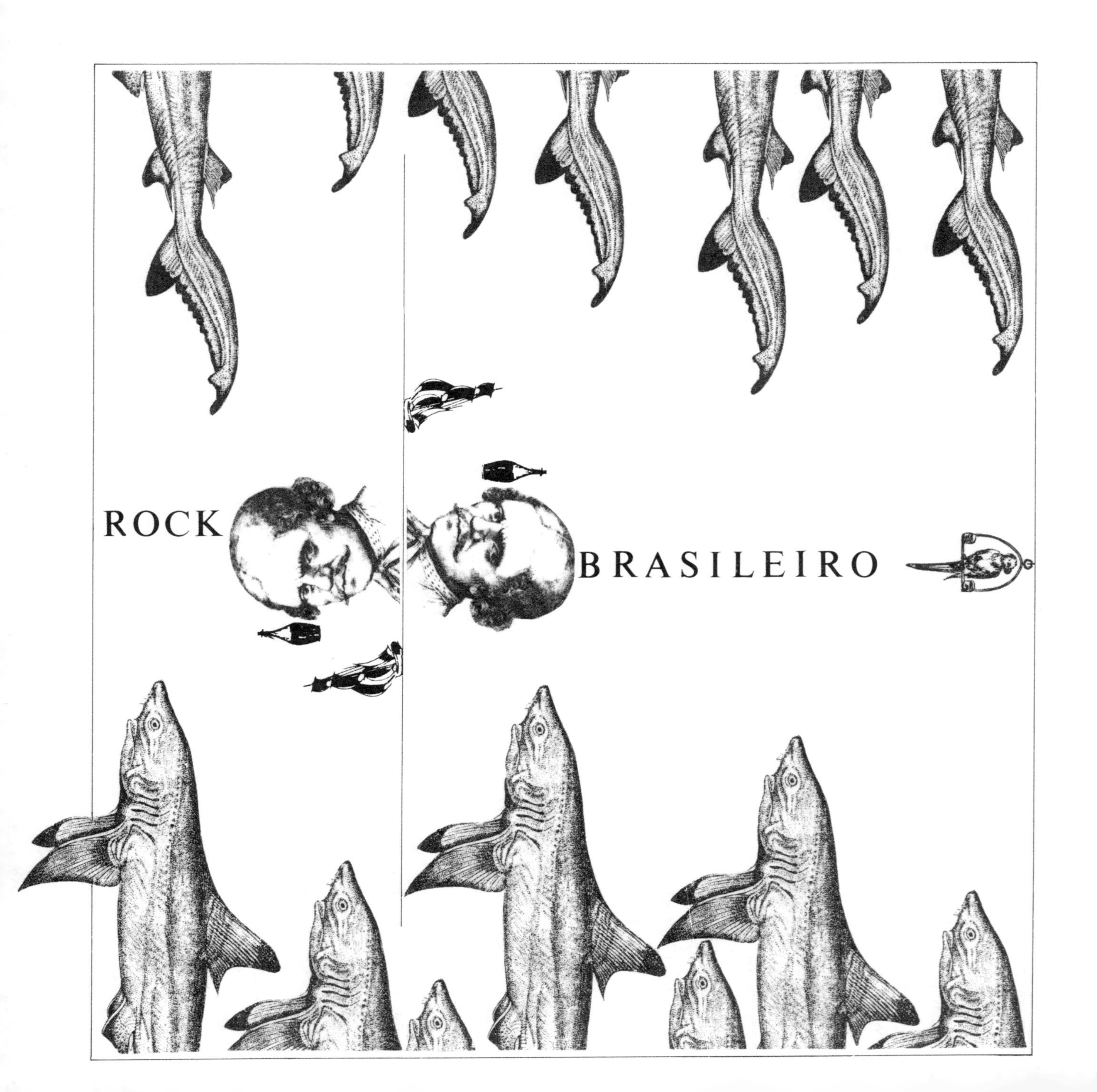
ROCK BRASILEIRO

DIE BOUCANNIERS DER KARIBIK

Es hatte alles so harmlos angefangen: Spanien war schlechterdings überfordert, das ungeheure Kolonialreich, das ihm Christoforo Colombo in den Schoß geworfen hatte, zu überwachen oder einigermaßen sinnvoll zu verwalten – jede andere Macht Europas wäre es ebenso gewesen...

Die »Brüder von der Küste«

So sickerten still und leise Angehörige jener in der Bulle Papst Alexanders VI. von der »Neuen Welt« ausgeschlossenen Völker in das tropische Schlaraffenland ein: die Engländer auf Jamaika mit Port Royal, der »sündigsten Stadt der Welt«, als Zentrum, die Holländer auf Curaçao, die Franzosen auf Hispaniola, dem heutigen Haiti, einer Insel, die nach Abschluß der spanischen »Kolonisation« fast menschenleer, dafür von verwilderten Schweine- und Rinderherden nahezu überschwemmt war. Die Franzosen ließen sich als Pflanzer nieder, und nicht wenige wurden Jäger. Ihre Ware, nach indianischem Vorbild geräuchertes Fleisch, war nicht nur schmackhaft, sondern auch lange Zeit haltbar. Die Kapitäne und Matrosen der spanischen Schiffe lernten schnell die Vorzüge dieses »Boucan«-Fleisches schätzen, der Handel blühte, und nach dem indianischen Räucherrost »Boucan« begann man die Jäger »Boucanniers« (englisch »Buccaneers«) zu nennen.

Soweit wäre alles schön und gut gewesen, hätte es nicht die habgierige Casa de Contratación – Monopolhandelsgesellschaft und Kolonialministerium in einem – gegeben, die befand, Fleisch habe man ausschließlich aus Spanien zu importieren, auch wenn es auf der Fahrt vom Mutterland nach Lateinamerika schon restlos verfault und voller Maden war... 1629 ging ein spanisches Truppenkontingent in Hispaniola an Land, brannte die Siedlungen nieder, zertrampelte die Pflanzungen, rottete die Rinder- und Schweineherden planmäßig aus und vertrieb die französischen Siedler und Boucanniers, die sich auf die kleine Insel Tortuga an der Nordküste Hispaniolas zurückzogen. Hier waren sie zwar vor weiteren Schikanen sicher, aber ihre Existenzgrundlage war vernichtet.

Was also tun?

Die Boucanniers, rauhe Burschen und hervorragende Schützen, holten sich ihren Lebensunterhalt dort, wo sie ihn bekommen konnten: auf den spanischen Schiffen und in den spanischen Siedlungen längs der Küsten. Die Jäger wurden Piraten und nannten sich nun auch »Flibustiers« nach dem französisch verballhornten englischen Wort »Freebooters« (Freibeuter), während die Engländer auf Jamaika – von Anfang an weniger friedlich – sich bald nach ihren französischen Piratenkollegen als »Buccaneers« bezeichneten.

Boucanniers und Buccaneers organisierten sich in einer klassenlosen sozialistisch-kommunistischen Gesellschaft (auch wenn diese Begriffe natürlich noch unbekannt waren), Besitz galt als Eigentum der Gemeinschaft – Alexandre Olivier Exquemerlin, Schiffschirurgus und Kronzeuge der karibischen Seeräuberei, betont dies mehrfach ausdrücklich – und auch die Beute gehörte allen gemeinsam. Die sogenannte »Chasse Partie« war ein von allen anerkannter Vertrag, nach dessen Artikeln Gemeingut und Beuteanteil geregelt wurden, und ehe man zum Verteilen des Raubgutes schritt, mußte jeder feierlich schwören, daß er nichts von der Beute für sich beiseite geschafft hatte. »Doch geschieht dies selten«, schrieb Exquemerlin, »denn diese Räuber, die den Spaniern gegenüber jeder Gemeinheit fähig sind, verhalten sich untereinander vollkommen ehrlich und helfen einander bereitwillig aus jeder erdenklichen Verlegenheit.«

Karibische Bordküche

Ehe wir uns einigen der bekannten Piratenkapitäne dieser Ära zuwenden, ein schneller Blick in die Kombüse:

Dank ständiger Küstennähe – kein Punkt der Karibik liegt weiter als drei Segeltage von einer Festlands- oder Inselküste entfernt – konnte man auf madiges Pökelfleisch, steinharten Schiffszwieback und fauliges Wasser verzichten. An haltbaren Lebensmitteln hatte man Boucanfleisch an Bord (natürlich!), ferner Mais- und Bohnenmehl, Öl, Hülsenfrüchte, Zwiebeln, Knoblauch und wohl auch einen Sack Kartoffeln; im übrigen versorgte man sich – im guten oder bösen – möglichst von den Küsten, denn durch das tropische Klima war der Haltbarkeit jedweder Lebensmittel enge Grenzen gesetzt.

Was aß man also an Bord?

Tortillas

Schnell und problemlos auch auf dem kleinsten Kombüsenherd herzustellen; ich werde später noch ausführlich darauf eingehen (s. S. 66).

Bohnenpüree

70 g Bohnenmehl, 2 1/2 Tassen Wasser, 2 Zwiebeln (fein gehackt), 10 g Öl

Bohnenmehl mit Wasser anrühren, Zwiebeln in Öl glasig dünsten, Bohnenpüree zugeben und aufkochen lassen (man sollte noch 1 EL Sahne unterrühren).

Siebenstöckiger Turm

Pro Turm: 2 Tortillas, 1 Rauchfleischscheibe (ca. 100 g), 1/2 Zwiebel (in Scheiben geschnitten), 1/2 Paprikaschote (in Streifen geschnitten), 2 Knoblauchzehen (fein gehackt), 1 Spiegelei, Pfeffersoße oder rote Chilisoße (s. S. 66)

Auf eine Tortilla Rauchfleischscheibe, Zwiebel und Paprika (roh oder angebraten), Knoblauch, Spiegelei aufschichten, mit einer Tortilla abdecken und mit Soße übergießen.
Als Hauptgericht sollte man gut mit 2 »Türmen« pro Person rechnen.

Zwiebeln und Tomaten

600 g Zwiebeln (in Vierteln), 600 g Tomaten (in Vierteln), 4 Knoblauchzehen (zerdrückt), 3 Chilischoten (klein gehackt), 2 EL Öl, Basilikum, Salz, Pfeffer, evtl. 250 g Rauchfleisch (klein gewürfelt)

Alle Zutaten in einen Topf geben und weichdünsten, abschließend mit Salz und Pfeffer abschmecken. Man kann das Ganze auch mit gewürfelten Kartoffeln und Maiskörnern »strecken«.

Chili con Carne

500 g rote Bohnen, 5 EL Öl, 1000 g Hackfleisch, 1/2 l Rindfleischbrühe, 300 g Zwiebeln (grob gehackt), 6 Knoblauchzehen (zerdrückt), 3 bis 6 Chilischoten (klein gehackt), 500 g Tomaten (gehäutet und klein geschnitten), Salz, Pfeffer, Chilipulver

Bohnen über Nacht einweichen, Wasser abgießen und in 3 l Wasser weich kochen. Öl in der Pfanne erhitzen, Hackfleisch unter Rühren zugeben, bis es krümelig wird. In den Topf geben und Brühe zugießen. Zwiebeln in der Pfanne glasig werden lassen, mit Knoblauch, Chilischoten und Tomaten in den Topf geben, 45 Minuten leise kochen lassen, Bohnen abgießen und zugeben, mit Salz, Pfeffer und Chilipulver scharf abschmecken.
Chili con Carne gehört zu den Nationalgerichten der Region und stammt seiner Zusammensetzung nach eindeutig aus einer Schiffskombüse.

Natürlich begnügten sich die karibischen Piraten ebensowenig mit derart eher schlichten Tafelfreuden, sobald sie in Tortuga oder Port Royal an Land kamen, wie ihre Kollegen anderswo. Doch dazu gleich noch mehr.

Getränke

Gemeinsam war allen karibischen Seeräubern die Abneigung gegen Wasser.
Einer von ihnen drückte es, geradezu klassisch, einmal so aus: »Wasser ist gut, daß es trage unsere Schiffe auf seinen Rücken, aber nicht gut, daß wir es tragen in unserem Bauch.«

Wein

War, entsprechend ihrer Herkunft, das Nationalgetränk der Boucanniers auf Tortuga. Bis zur Ankunft der Europäer waren Weinreben in Amerika unbekannt, doch dank des Klimas gediehen sie prächtig und wurden sehr bald schon in großem Stil angebaut.

Rum

Der aus Zuckerrohrsaft und anderen Produkten der Rohrzuckerherstellung gebrannte Rum war »das« Getränk der Buccaneers auf Jamaika – er ist es heute auf dieser Insel noch.

Kakao

Die außerordentlich nahrhafte Cacahuatl-Bohne diente den Aztekenherrschern als Bezahlung für die Soldaten und bildete einen nicht unwichtigen Teil des Kronschatzes. Die Indios mischten das Kakaopulver mit Honig, Vanille und Cayennepfeffer, schlugen die Masse schaumig und tranken sie als Abschluß der Mahlzeit.
Die karibischen Piraten bevorzugten folgendes Indiorezept:

Karibisches Kakaogetränk

100 g Kakaopulver, 200 g Maismehl, 2 EL Öl, 250 g Honig (oder Rohrzucker), 1 l Wasser (lauwarm)

Kakaopulver, Maismehl, Öl und Wasser verrühren, kurz aufkochen lassen, mit Honig bzw. Rohrzucker süßen.

Kakao wurde ein ausgesprochenes Matrosengetränk, und Mitte des letzten Jahrhunderts verbrauchte die englische Marine davon mehr als die gesamte übrige Bevölkerung Großbritanniens.

Père Jean-Baptiste Labat

Der karibischen Boucannier-Herrlichkeit mangelte es gewiß nicht an farbigen Gestalten, eine der farbigsten freilich ist ohne Zweifel Jean-Baptiste Labat: Geboren 1663 in Paris, mit 22 Jahren dem Dominikanerorden beigetreten, wurde er 1692 nach Martinique geschickt, um die arg heruntergekommenen Güter des Ordens wieder zu sanieren. Père Labat war ein Mann, der von allem etwas verstand und begierig war, immer dazuzulernen. Ihn interessierten die Lebensgewohnheiten der Meereskrabben am Strand von Martinique und das Schicksal der Negersklaven ebenso wie die Sitten der Boucanniers, die Volkskunst der Indios oder die englischen Festungen – zweifellos war er der beste französische Spion in Westindien; er war ein hervorragender Mathematiker, Ingenieur und Architekt (die im Auftrag der französischen Militärs auf Martinique von ihm erbauten Befestigungen existieren zum Teil heute noch), außerdem erfand er so nebenbei eine Methode des Zuckerbleichens, die noch heute in Gebrauch ist.
In erster Linie aber war er als Bordgeistlicher, zumal auf dem Schiff eines gewissen Kapitäns Daniel, Seelenhirte seiner mitunter recht ruppigen Boucannier-Schäflein:

»…nachdem sie sich dies alles zusammengestohlen hatten, baten mich die Piraten, zum Dank die Messe zu lesen. Man baute im Heck des Schiffes einen schönen Altar auf, und die Messe wurde mit großer Freude gesungen. Alle Flibustiers kamen zur Opfergabe, und jeder brachte eine Kerze und ein 30-Ecus-Stück dar. Diejenigen, die kommunizierten, taten dies mit großer Frömmigkeit und Bescheidenheit. Nur ein kleiner Zwischenfall störte die Zeremonie ein wenig. Einer der Piraten nahm während der Wandlung eine nicht gerade andächtige Haltung ein und pinkelte in hohem Bogen in die See. Als er deshalb von Kapitän Daniel zurechtgewiesen wurde, antwortete er lauthals mit einem schrecklichen Fluch. Unser Kapitän zog prompt die Pistole und schoß ihm durch den Kopf, während er bei Gott schwor, daß jedem das gleiche passieren würde, der derartige Respektlosigkeit gegenüber dem Heiligen Sakramente zeige. Ich war leicht erschrocken, denn dies alles geschah unmittelbar neben mir. Daniel jedoch sagte: ›Ärgern Sie sich nicht, mein Vater, es ist nur ein Schuft, der für seine Respektlosigkeit bestraft woren ist und seine Pflicht in Zukunft nicht so leicht vergessen wird.‹ Eine recht wirksame Methode, möchte ich meinen, um den armen Burschen davor zu bewahren, sein Vergehen je noch einmal zu wiederholen. Als die Messe beendet war, wurde der Leichnam in die See geworfen.«

Der kleine, rundliche Pater, dem man ansah, daß er die Annehmlichkeiten dieser Welt sehr wohl zu schätzen wußte, der als Freund guten Essens und edlen Weines leidenschaftlich selbst mit der Küche der Indios und Boucanniers experimentierte, ist zweifellos auch der Gewährsmann schlechthin für die Kochkünste der karibischen Piraten.

Ihm verdanken wir auch die Überlieferung des Originalrezepts für »das« Festessen der Boucanniers:

Boucannier-Schwein

3 bis 4 ganze Schweine (die Menge reicht für eine mittlere Piratenschiffsbesatzung)

Pfeffersoße (pro Person)

5 EL heißes Öl, 5 EL heißes ausgelassenes Schweinefett, 2 EL roter Pfeffer (Cayennepfeffer)

Zutaten mischen.

Kräutersoße

2 kleine Zwiebeln (gehackt), 4 Knoblauchzehen (fein gehackt), 2 TL Tomatenmark, 4 EL Öl, 6 grüne oder rote Chilis (entkernt und fein gehackt), 2 EL Limonensaft, 1 TL brauner Zucker, Salz, Cayennepfeffer, Thymian (reichlich), Pfefferminz (reichlich)

Öl erhitzen, Zwiebeln und Knoblauch 8 bis 10 Minuten dünsten. Übrige Zutaten zugeben, aufkochen und auf kleiner Flamme 30 Minuten köcheln lassen.

Originaltext:
»Die Schweine werden am Spieß über einem offenen Feuer gebraten. Alsdann schneidet sich jeder mit dem Entermesser ein Stück ab, taucht es in die Schale mit Soße, die er vor sich stehen hat, und trinkt einen großen Schluck Rum nach.«

Warnung! Für europäische Mägen ist die Version (offenbar die älteste und originale) mit »Pfeffersoße« nahezu ungenießbar, so interessant sie schmeckt; auch wer seine Gäste, dank tropischem Klima, nicht einfach im Freien liegen lassen kann, sollte mit dem Rum etwas vorsichtiger sein. Gegrilltes »Boucannier-Schwein« (es muß ja nicht gleich ein ganzes Schwein sein) mit »Kräutersoße« hingegen ist ein reiner Genuß!

Rock Brasileiro

Der gebürtige Holländer hatte ein paar Jahre in Brasilien gelebt – daher sein Beiname –, ehe er sich in Port Royal den Buccaneers anschloß.
Er war keiner der Großen seines Metiers und auf See eher harmlos, dafür trieb er es im Hafen um so wüster: »Wenn er betrunken war« (und das scheint er in Port Royal fast immer gewesen zu sein), »lief er wie ein Toller durch die Stadt«, wußte A. O. Exquemerlin zu berichten. »Er hat des öfteren ein Faß Wein gekauft, es mitten auf die Straße gesetzt, den Spund eingeschlagen, stellte sich dazu, und alle, die vorübergingen, mußten mit ihm trinken, anderenfalls er sie mit dem Gewehr, das er aus diesem Grund bei sich hatte, totgeschossen haben würde.«
Und für noch etwas war dieser Piratenkapitän bekannt, für seine unerschütterliche Überzeugung: »Der Mensch ist, was er ißt«, weshalb er sich ausschließlich vom »edlen und mutigen Haifisch« ernährte – daß diese Tierchen landläufig auch noch einen etwas anderen Ruf genießen, scheint ihm entgangen zu sein...
Hier zwei verbürgte Rezepte:

Kreolische Haischnitzel

4 Haischnitzel à 150 g, 2 Gläser Weißwein, 1 Zwiebel (grob gehackt), 3 Knoblauchzehen (zerdrückt), 1 Lorbeerblatt, 250 g Mais, 4 bis 6 Kartoffeln (gekocht und geschält), 2 EL Butter oder 2 EL Öl zum Braten, 1/4 l Kokosmilch (Kuhmilch tut es im Notfall auch), Salz, Pfeffer, scharfer Paprika, 6 Pfefferkörner, 1 Ei

Haischnitzel 2 Stunden in Wein, Zwiebel, Knoblauch, Lorbeerblatt und Pfefferkörnern marinieren, dabei mehrfach wenden. Kartoffeln in Scheiben schneiden. Schnitzel aus der Marinade nehmen und in Würfel schneiden, kurz in Butter oder Öl anbraten. Feuerfeste Form ausfetten und Haifischwürfel, Kartoffeln und Mais in Schichten einlegen, jede Schicht mit Salz, Pfeffer und Paprika würzen. Kokosmilch und Ei verquirlen und darübergießen. Im Ofen bei 200 Grad etwa 20 Minuten überbacken.

Hairöllchen

8 dünne Haischnitzel (1/2 Zentimeter), Zitronensaft, 125 g Krabben (geschält), 2 harte Eier (gehackt), 60 g Rosinen, Salz, Pfeffer, Kardamon, Petersilie (fein gehackt), 4 EL Öl zum Braten

Haischnitzel mit Zitrone beträufeln und 1/2 Stunde ziehen lassen. Aus Krabben, Eiern, Rosinen, Salz, Pfeffer, Kardamon (wenig) und Petersilie eine Farce mischen und die Schnitzel damit belegen, zusammenrollen und zubinden bzw. zustekken. In Öl rundum braten.
Dieses Gericht wird praktisch identisch an der deutsch-holländischen Nordseeküste zubereitet, Rock Brasileiro brachte das Rezept offenbar aus seiner Heimat mit.

Zum Thema Hai gleich noch die Anweisung des Moses van Kljin, eines Kapitäns, der sich auf den Raubzügen von L'Olonnois und Henry Morgan hervorgetan hatte, an seinen Smutje:
»Nimm das Haifischsteak in die rechte Hand und in die linke die Feuerzange. Dann zeige dem Steak eine glühende Kohle und – serviere es!«
Tatsächlich sollte man Hai grundsätzlich nur kurz anbraten – wenn vielleicht auch nicht ganz so kurz.
Und auch des Wutschreies von Pierre le Picard, einer anderen Tortuga-Größe, sei gedacht:
»Kerl, ich schmeiß dich über Bord, laß dich von den Haien fressen und verspeise dich in umgewandeltem Zustand!«

L'Olonnois

François Nau, der sich später nach seinem Heimatstädtchen Sable d'Olonne in der Vendée nannte, war die wohl schlimmste Gestalt unter den karibischen Freibeutern: ein Sadist reinsten Wassers, der beim Morden und Foltern seinen Spaß an der Freud hatte, wobei es noch zu seinen harmloseren Vergnügungen zählte, gefangenen Spaniern die Köpfe abzuschlagen, mit der Miene des Feinschmeckers das Blut von der Säbelklinge zu schlecken und dabei über die verschiedenen Geschmacksrichtungen zu witzeln.
Seine Beutezüge gegen Maracaibo und Gibraltar an der Nordküste Venezuelas 1666 und Granada am oberen Ende des Nikaraguasees 1668 waren zwar reich an übelsten Grausamkeiten, die Erfolge hielten sich jedoch arg in Grenzen. Zudem war L'Olonnois ein miserabler Seemann, der einmal fast ein Jahr lang aus dem Golf von Honduras nicht mehr herausfand und dem es binnen fünf Jahren immerhin viermal gelang, sein Schiff auf irgendwelche Klippen zu schmeißen.
Bei einem dieser Schiffbrüche, es war der dritte vor Las Perlas, beging er wohl die einzige anständige Tat seines Lebens: Statt Gold und Silber seiner Beute rettete er eigenhändig den Schiffskoch, der nicht schwimmen konnte, und schleppte ihn ans sichere Ufer, »da keiner Paëlla so gut zubereiten konnte wie er«. – Paëlla ist eigentlich ein spanisches Nationalgericht, das aber auch in Lateinamerika bekannt und beliebt ist. Von den gut zwei Dutzend Varianten, die ich kenne, habe ich eine ausgewählt, wie sie in Haiti, dem ehemaligen Hispaniola, zubereitet wird:

Paëlla Hispaniola

2 Tassen Reis, 4 EL Öl, 2 Zwiebeln (fein gehackt), 4 Knoblauchzehen (fein gehackt), 2 Paprikaschoten (in Streifen geschnitten), 2 Tomaten (enthäutet, klein geschnitten), 4 EL Erbsen (gar gekocht), 4 Tassen Hühnerbrühe, 200 g Schweinefleisch (gewürfelt), 200 g Kalbfleisch (gewürfelt), 4 Bratwürstchen (möglichst mit Knoblauch) oder 200 g Knoblauchwurst (in Scheiben geschnitten), 4 Hühnerkeulen, 8 Hummerkrabben, 150 g Tintenfisch (in Ringe geschnitten), 200 g Herzmuscheln (geputzt), 500 g Miesmuscheln (geputzt), 8 grüne Oliven, 8 schwarze Oliven, Salz, Pfeffer, 1/2 TL Safran, 1 EL Salbeiblätter (fein gehackt), 1 EL Estragonblätter (fein gehackt)

In einem Topf in Öl Reis glasig anbraten, Zwiebeln, Knoblauch, 2 TL Salz zugeben. In einem anderen Topf Hühnerbrühe zum Kochen bringen, mit Safran würzen, dem Reis zufügen, zugedeckt bei kleiner Hitze ca. 20 Minuten garen, nach 10 Minuten Tomaten, Paprika, Erbsen, Oliven und Herzmuscheln zugeben und gut mit dem Reis vermischen. In einer Pfanne Hühnerkeulen, Fleisch und Wurst anbraten. In einer weiteren Pfanne Tintenfischringe anbraten und getrennt davon Hummerkrabben anbraten. Miesmuscheln in einem Topf mit Salzwasser kochen, bis sie sich öffnen, eventuell aus der Schale lösen. Reis mit Zutaten in eine große Pfanne schütten, würzen, Fleisch, Würste, Tintenfischringe, Hühnerkeulen und Muscheln darüber garnieren, zudecken und im Ofen bei 120° ca. 20 Minuten backen. Abschließend mit Salbei und Estragon bestreuen.

1671 brach L'Olonnois auf, um in völliger Selbstüberschätzung das schwerbefestigte Granada in Venezuela anzugreifen. Doch dazu kam es nicht mehr. Kurz vor dem Ziel warf er sein Schiff auf die Riffe der Baru-Inseln, und als er erschöpft auf den Strand der Insel kroch, erwarteten ihn schon die Indios. L'Olonnois wurde gefangen, in Stücke gehauen, gebraten und verspeist.
Leider – oder glücklicherweise – ist das Rezept dieses Festbratens nicht überliefert.

Sir Henry Morgan

Generationen von Geschichtsschreibern haben so lange das Bild Henry Morgans mit freundlichen Farben überpinselt, bis er zu jener wagemutigen Heldenfigur wurde, die heute die einschlägige Literatur durchgeistert. Geblieben sind – leicht retuschiert – seine Taten, und an seinem militärischen Können ist auch nicht zu rütteln. Ausgewechselt wurde sein Charakter – Retuschen reichten hier bei weitem nicht mehr –, denn ein »Held« ist nun einmal nicht intrigant, brutal, grausam, versoffen, betrügerisch, verlogen, meineidig, treubrüchig, ehrlos, kriecherisch und feig.

Berühmt wurde Henry Morgan durch seine Raubzüge gegen Porto Bello 1668 und Panama 1671, berüchtigt durch den üblen Betrug an seinen Buccaneer-Kumpanen bei der Chasse-Partie – er ist der einzige karibische Pirat, der solches je wagte! – nach der Eroberung von Panama, wo von einer auf sechs Millionen Kronen bezifferten Beute für jeden Piraten schließlich die lächerliche Summe von 200 Piastern übrigblieb, während Henry Morgan mit dem Löwenanteil der Summe eiligst das Weite suchte.

Es war ein genialer Schachzug des englischen Königs, diesen Mann mit Ritterschlag und Ernennung zum Oberrichter, zeitweilig sogar zum Gouverneur von Jamaika, für seine Zwecke einzuspannen, doch der nunmehrige »Sir« Henry Morgan blieb sich, d. h. seinem fragwürdigen Charakter, treu, indem er seine Ämter vorzugsweise zum Kassieren enormer Bestechungsgelder nützte und, wenn man ihm auf die gierigen Finger klopfte, in schmieriger Demut Abbitte leistete.

Auch seine kulinarischen Vorlieben sind überliefert: »Er kommt vom englischen Stockfisch nicht los, läßt diesen jedoch mit allerlei eigenartigen Zutaten vermischen und ertränkt schließlich alles in Rum.«

Stockfisch mit Aki

450 g Stockfisch, 500 g Aki (eine eiförmige, scharlachrote Frucht eines immergrünen Baumes, bei uns in Dosen erhältlich), 4 EL Öl, 4 Scheiben Speck (durchwachsen, knusprig gebraten), 2 Zwiebeln (grob gehackt), 2 grüne Paprikaschoten (in Streifen geschnitten), Pfeffer

Stockfisch mindestens 12 Stunden wässern, dabei mehrfach das Wasser erneuern. In Wasser ca. 15 Minuten gar kochen, abhäuten, entgräten, in Stückchen zerpflücken. Aki in einem Sieb über einen Topf mit Wasser hängen und im Dampf erhitzen. Zwiebeln und Paprika in einer Pfanne in Öl anbraten. Stockfisch in eine Schüssel geben, darauf Zwiebeln und Paprika, darauf Aki, mit Speck garnieren und Pfeffer bestreuen.

Stockfisch mit Jameswurzel

450 g Stockfisch (wie oben beschrieben vorbereiten), 4 Tomaten (gehäutet, geviertelt), 2 grüne Paprikaschoten (grob gehackt), 2 Zwiebeln (in Scheiben geschnitten), 80 g Schweineschmalz, 400 g Jameswurzel (tropisches Knollengemüse, oft mit Süßkartoffeln verwechselt, die man ggf. ebenfalls verwenden kann; gekocht, in Scheiben geschnitten), 30 g Öl, 1/4 l Milch, Salz, Pfeffer, Petersilie (fein gehackt), evtl. Spritzer Tabascosoße

Zwiebeln, Tomaten und Paprika in einer Pfanne in Schweineschmalz andünsten, Stockfisch zufügen und abschmecken. Auflaufform mit Öl einfetten, mit Jameswurzelscheiben bedecken, Fischmischung zugeben, mit Milch übergießen. 20 Minuten bei 200° im Ofen überbacken, abschließend mit Petersilie bestreuen. – Wer es ganz original haben will, schütte über die Gerichte eine viertel bis halbe Flasche Rum – und wundere sich nicht, daß jeglicher Eigengeschmack des Essens dadurch totgeschlagen wird.

Als Sir Henry am 25. August 1687 starb, war er körperlich und geistig ein Wrack. In London erwog man, seine Leiche nach England zu überführen und ihm eine letzte Ruhestätte unter den Heroen der englischen Geschichte im Westminster zu gewähren. Dazu kam es nicht mehr, doch die Anweisung an die offiziellen Chronisten, das Bild des toten Piraten von allen Übeltaten zu reinigen und ihn in das Licht nationaler Glorie zu erheben, wurde nur zu eifrig befolgt.

Sieur de Grammont

Seine »Karriere« begann mit 14 Jahren, als er mitten in Paris auf offener Straße im Duell einen Gardeoffizier niederstach, der seiner Schwester – nach anderen Angaben seiner verwitweten Mutter – den Hof gemacht hatte. Es gab keine Gerichtsverhandlung, keine Strafe, der König verlangte nur, daß der junge Raufbold als Kadett der königlichen Marine auf Vordermann gebracht würde.
Jahre vergingen, bis dem mittlerweile zum Kapitän einer Kaperfregatte aufgestiegenen Grammont der erste große Erfolg beschieden war: Vor Martinique fiel ihm eine holländische Flottille in die Hand, die so reich beladen war, daß man sie die »Geldbörse von Amsterdam« nannte. Grammont kassierte eine Summe von 80000 Pfund. Die wohlwollende Anerkennung der Flibustiers für diese Leistung schlug in Bewunderung um, als man erfuhr, daß Grammont das Geld bis auf 2000 Pfund binnen einer Woche durchgebracht hatte, und wuchs zu einem wahren Sturm der Begeisterung an, als bekannt wurde, daß der junge Kapitän sein letztes Geld im Spiel eingesetzt und so viel gewonnen hatte, daß er sich ein Schiff mit 50 Kanonen, die *Le Hardi,* kaufen konnte.

Grammont quittierte seinen Dienst in der königlichen Marine und segelte nach Tortuga, um eine Besatzung anzuheuern. Die Abenteurer prügelten sich um einen Platz auf seinem Schiff.

Vier große Beutezüge sollten den Edelmann aus der Gascogne berühmt machen: Maracaibo 1678, Cumana 1680, Vera Cruz 1682 und Campeche 1686.

Sieur de Grammont betrieb die Seeräuberei als »stilistisches Kunstwerk«, und obwohl er und seine Männer keineswegs mehr die Folterknechte im Stil eines L'Olonnois oder Henry Morgan unseligen Andenkens waren, konnte sich ihre Beute durchaus sehen lassen. Freilich, »was die Flut bringt, nimmt die Ebbe«: Sieur de Grammont gab das Geld ebenso schwungvoll aus, wie er es gewonnen hatte, denn rauschende Feste zu feiern war nun einmal seine zweite große Leidenschaft. Das berühmteste dieser Feste ging unter dem Namen »Das Feuer von Campeche« in die Geschichte ein.

1686 hatte er mit 20 Schiffen und 1100 Mann zum Sturm auf diese Stadt angesetzt, doch die spanische Garnison hatte heimlich das Weite gesucht und nur einen einzigen Engländer in der Zitadelle zurückgelassen, der sich recht tapfer schlug. Grammont nahm ihn gefangen, ließ ihn später frei, lud ihn zum Essen ein und beschenkte ihn reichlich.

Und dann, am 25. August, feierte man das berühmte Fest. Georges Blond schilderte:
»Gegen Ende des Tages begann das Gelage. Tische wurden aus den Häusern gezerrt und mitten auf den Straßen mit Tüchern, Servietten und geraubtem Geschirr gedeckt. Als die Nacht hereinbrach, tafelte man im Schein der brennenden Häuser, was neben dem Alkohol viele als zusätzliches Vergnügen empfanden. Selbstverständlich wollten die Zecher nicht ohne Gäste feiern. Und weil die Piraten sehr zurückhaltend tranken, waren am Schluß die einheimischen Gäste betrunkener als ihre Gastgeber. Grammont präsidierte, umgeben von seinen Offizieren, an einem reichgedeckten Tisch.
›Und jetzt das Feuerwerk!‹
Der ›General‹ hatte alles, was man in den Lagerhäusern von Campeche an Hölzern hatte finden können, sammeln lassen. Es waren die kostbarsten Hölzer der Welt, ein Scheiterhaufen von ungeheurem Wert. Riesengroße Flammen schossen krachend empor, und wohlriechender Rauch verbreitete sich in der Nacht. Mit dieser wahnwitzigen Verschwendung flackerte die Seeräuberei einer großen Epoche zum letzten Mal provozierend auf, und was Grammont dabei sagte, läßt vermuten, daß er sich dieser Tatsache bewußt war:
›Was können uns die in Versailles und Madrid schon anhaben, die wissen doch nicht einmal, welchen Essig wir kochen!‹«
Neben dem klassischen Boucannier-Schwein haben Père Labat und Exmerlin etliche weitere Gerichte dieses Festes überliefert:

Tortillas

500 g Maismehl, 50 g Schmalz oder Öl, 1/8 l Wasser (lauwarm), Salz

Aus den Zutaten einen (nicht klebenden!) Teig bereiten. Ca. 30 Minuten zugedeckt ruhen lassen. In gut walnußgroße Stücke schneiden und zu dünnen, kreisrunden Fladen ausziehen (die Mexikanerin macht dies mit den Händen, dazu gehört aber viel Geschick und Übung; bequemer ist es, das Teigstück zwischen zwei Blatt Pergamentpapier zu legen und mit dem Nudelholz auszurollen). In ungefetteter Pfanne bei ca. 120° von jeder Seite 2 Minuten backen. Heiß servieren (zum Warmhalten in Alufolie wickeln und in den warmen Backofen stellen).
Tortillas wurden – und werden – zu nahezu jedem Essen serviert. Man serviert dazu heiße oder kalte Soßen, in die die Tortillas vor dem Abbeißen getunkt werden.

Pfeffersoße für Tortillas

6 Tomaten (gehäutet, entkernt), 3 Knoblauchzehen (zerdrückt), 1 TL Koriander (zerdrückt), 1 EL Cayennepfeffer, 1 Msp. Mehl

Tomaten durch ein Sieb streichen, mit den anderen Zutaten verrühren.

Grüne Chilisoße für Tortillas

8 bis 10 kleine grüne Tomaten, 2 grüne Pfefferschoten, 1 Zwiebel, 1 Knoblauchzehe, 1 TL Koriander, 1 TL Zitronensaft, Salz, Pfeffer

Tomaten, Pfefferschoten, Zwiebel, Koriander pürieren und mit Zitronensaft, Salz und Pfeffer abschmecken. Heiß oder kalt servieren.

Rote Chilisoße für Tortillas

6 Tomaten, 2 rote Pfefferschoten (entkernt), 1 Zwiebel, 1 Knoblauchzehe, Salz, 1/2 l Geflügelbrühe, Essig, Zucker

Zutaten in der Brühe 20 Minuten kochen, dann pürieren, mit Essig und Zucker abschmecken. Heiß oder kalt servieren.

Rindfleisch-Bohnentopf

500 g Bohnenkerne (schwarz, braun, weiß gemischt), 800 g Rindfleisch, 2 Zwiebeln (fein gehackt), Salz, Pfeffer, süßer Paprika, 1 EL Maismehl, 500 g Tomaten, 3 Knoblauchzehen (zerdrückt), 1 TL Öl, Cayennepfeffer, Koriander (zerdrückt)

Bohnen über Nacht einweichen, Wasser abgießen. Fleisch in ca. 3 cm große Würfel schneiden, mit Zwiebeln und Bohnen bei mäßigem Feuer ca. 1 1/2 Stunden weichkochen. Tomaten häuten und pürieren, Knoblauch, Öl, Salz, Pfeffer und Koriander zugeben. Maismehl in kaltem Wasser anrühren. Rindfleisch-Bohnentopf am Ende der Kochzeit mit Salz, Cayennepfeffer, Paprika würzen, Tomatensoße einrühren, mit Maismehl andicken, gut aufkochen lassen.
Dieses Essen gilt heute als eines der mexikanischen Nationalgerichte.

Rindersteak Sieur de Grammont

4 Scheiben Rindsfilet (je ca. 200 g, 1 bis 2 cm dick), Zitronensaft, 4 Knoblauchzehen (zerdrückt), 100 g Öl, 200 g grüne und 200 g rote Paprikaschoten, 200 g Tomaten, 400 g Kartoffeln (geschält), 1 Zwiebel (fein gehackt), Salz, Pfeffer, scharfer Paprika

In Streifen geschnittenen Paprika und enthäutete Tomaten in Salzwasser weichkochen. Kartoffeln vierteln und in Salzwasser weichkochen. Fleisch mit Zitronensaft beträufeln, mit Knoblauch bestreichen, bei großer Hitze von beiden Seiten scharf braten (muß innen heiß, aber roh sein!). Zwiebeln in Öl bräunen, Gemüse zugeben, kurz mit anbraten, würzen und mit dem Fleisch zusammen anrichten.
Grammont wird ausdrücklich als Erfinder dieses Gerichtes erwähnt.

Betrunkenes Schwein

800 g Schweinefleisch, 2 Zwiebeln (fein gehackt), 2 Knoblauchzehen (zerdrückt), Salz, scharfer Paprika, Öl zum Braten, 1/2 l Pulque (Agavenwein)

Fleisch würzen, Zwiebeln in heißem Öl glasig braten, Fleisch zugeben und rundum schnell anbraten, mit Pulque übergießen, aufkochen lassen, im Ofen 1 bis 1 1/2 Stunden weich dünsten, dabei mehrfach mit Bratensaft und Pulque übergießen.

Hammel mit Schokoladensoße

800 g Hammelfleisch, 3 Zwiebeln (fein gehackt), 6 Knoblauchzehen (zerdrückt), 1/10 l Öl, Salz, 3 Nelken, 1 Lorbeerblatt, 1/4 l Weißwein, 1 TL Essig, Wasser (nach Bedarf), 100 g Kochschokolade (bitter, gerieben), 2 TL Zucker, Cayennepfeffer, evtl. 1/10 l Sahne

Zwiebeln und Knoblauch in heißem Öl glasig braten, das gesalzene Fleisch von allen Seiten scharf anbraten, Gewürze, Wein, Essig, etwas Wasser zugeben und ca. 3 Stunden bei mäßiger Hitze weichschmoren, dabei mehrfach mit Bratensaft übergießen. Fleisch herausnehmen, Bratensaft mit Schokolade, Zucker und nach Geschmack Sahne mischen, mit Cayennepfeffer würzen und über das Fleisch gießen.

Getränke

Von Rum und Kakao war schon die Rede.

Pulque

Ist vergorener Agavensaft und war das mexikanische Nationalgetränk, im Aztekenreich freilich nur alten Leuten gestattet, den jungen hingegen wegen seiner berauschenden Wirkung bei Todesstrafe (!) verboten.

Tequila

Ist das Destillat aus Pulque, also Agavenschnaps. Vor dem Einschenken vergesse man nicht, die Ränder des Glases anzufeuchten und mit Salz einzureiben!

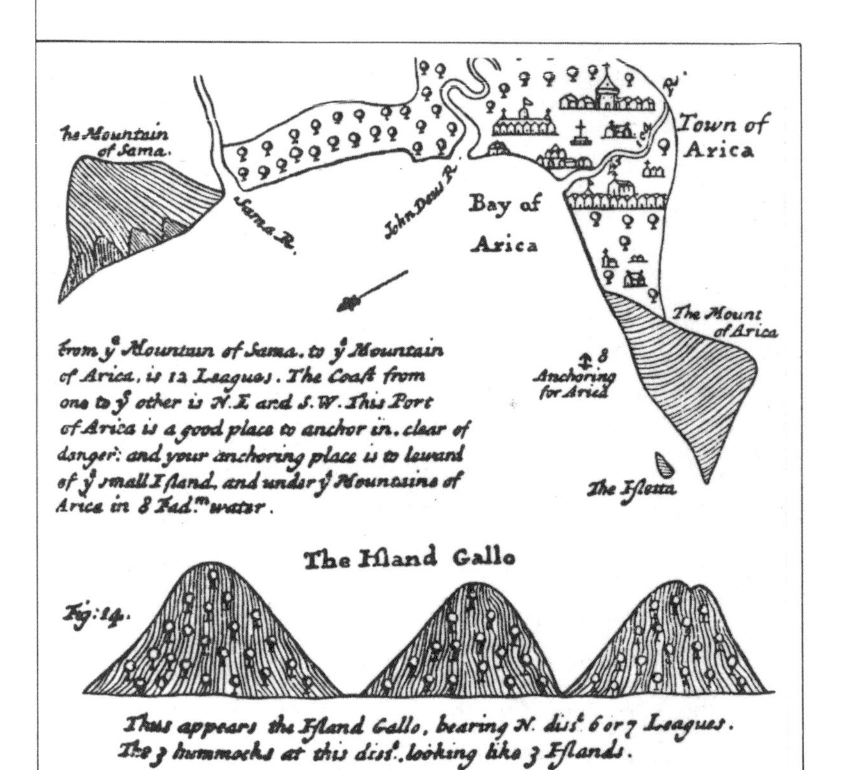

WILLIAM DAMPIER

Feuriger Kakao

50 g Kakaopulver, 1/2 l Wasser, 1/2 l Rum, 2 EL Cayennepfeffer

Kakaopulver mit Wasser verrühren, kurz aufkochen, mit Rum und Cayennepfeffer vermischen.
Grammonts Leutnant Laurent de Graaf wird für diese Erfindung verantwortlich gemacht. Es soll Personen geben, die mehrere Becher dieses Höllengebräus überlebt haben.

Im September 1686 kehrte Sieur de Grammont nach Port Royal zurück. Im Oktober lichtete er erneut die Anker, segelte mit 200 seiner Getreuen nach Westen, hinein in die untergehende Sonne – und verschwand. Ein Künstler der Seeräuberei war in die Geschichte eingegangen.

William Dampier

»Wir alle waren Glücksritter und standen unter dem Befehl von Kapitän John Coxon, den wir selbst gewählt hatten. Jeder Mann war mit vier Brotlaiben versehen, mit Flinte, Pistole und Säbel«, so notierte ein gewisser William Dampier am 5. April 1680 in sein Tagebuch, das er von nun an für 12 Jahre in einem Bambusrohr, einigermaßen gegen Wasser, Wetter und Dschungel geschützt, mit sich herumschleppte und in dem er im Schein der Lagerfeuer gewissenhaft Küstenprofile, Kuriositäten von Mensch und Tier, Pflanzen und vieles andere notierte und zeichnete, denn dieser aus Somerset in England stammende William Dampier, der sich in Westindien als Soldat, Plantagenaufseher, Waldarbeiter und schließlich Pirat durchschlug, hatte eine große Leidenschaft: Naturkunde.

Das große Zauberwort jener Tage hieß »Südsee«, wo man beträchtlich mehr zu erbeuten hoffte als in der doch mittlerweile arg abgegrasten Karibik. Einmal, man schrieb das Ende des Jahres 1684, hatten sich in der Nähe Panamas rund 1000 kampferprobte Boucanniers und Buccaneers auf sieben schwerbewaffneten Schiffen zusammengefunden. William Dampier notierte: »Niemals hatten wir eine günstigere Gelegenheit gehabt, unser Glück zu machen und reich zu werden. Das hätte sich leicht machen lassen, denn Kapitän Harris, der damals bei uns war, hatte ein halbes Jahr vorher einen Streifzug nach Santa Maria auf der Landenge von Darien gemacht und die Spanier aus der Stadt und den Goldbergwerken so vollständig verjagt, daß sie sich seither nicht mehr getraut haben, sich erneut dort festzusetzen. Zudem waren die Indios die Todfeinde der Spanier, hingegen, weil sie den Spaniern dank der Hilfe der Freibeuter viele Jahre hindurch hatten Schaden antun können und dadurch reich geworden waren, unsere Herzensfreunde, die uns gern aufgenommen und geholfen hätten. Der größte Vorteil aber, den wir gehabt hätten, wäre die Karibik im Norden gewesen, denn auf dieser hätten wir unsere Güter fortbringen können und auch Unterstützung an Volk und Munition erhalten. In kurzer Zeit wäre uns alles, was in diesem Teile Westindiens ist, zugefallen. Auch wären uns viele tausend Freibeuter aus Jamaika und insbesondere von den französischen Inseln zugelaufen. Wir wären dann Herr nicht allein der reichsten Goldbergwerke Amerikas, sondern auch der gesamten Küste bis Quito gewesen. Ja, dem Ansehen nach hätten wir noch größere Dinge ausrichten können.«

»Dem Ansehen nach« – aber eben nicht in Wirklichkeit.
Wochen vergingen. Man redete, debattierte, stritt. Jedermann wollte seine Meinung zum besten geben, und da er dazu ja das verbriefte Recht hatte, tat er das dann auch gründlich.
Zu einer Einigung kam man nicht. Die Freibeuter verloren sich schließlich in alle Winde, die große Chance war vertan, die »klassenlose, sozialistisch-kommunistische« Gesellschaftsordnung der karibischen Piraten hatte – nicht zum ersten Mal – bewiesen, daß sie, wenn es um mehr als die Führung eines einzelnen Raubschiffes ging, kläglich versagte.

William Dampier kehrte, nach einer Fahrt quer über den Pazifik, durch den Indischen Ozean und um das Kap der Guten Hoffnung herum nach England zurück, wo sein Manuskript unter dem Titel »A New Voyage Round the World« 1697 als Buch erschien und derart Furore machte, daß Dampier – nicht als Pirat, sondern als Wissenschaftler, der er bei aller Abenteuerlust im Grunde seines Herzens ja war – von der britischen Admiralität losgeschickt wurde, die Gewässer um Neuguinea zu erforschen.
Kochrezepte hat William Dampier keine überliefert, doch so manche Bemerkung, daß die Indios durchaus freiwillig die weitestgehende Versorgung der Piraten übernommen hatten, daß hier ein originales Indio-Rezept jenes Landstriches angebracht sein dürfte.

Indio-Erdtopf

Vorbemerkung: Das nachfolgende Rezept, das an der ganzen mittel- und südamerikanischen Pazifikküste heute noch zu den Nationalgerichten zählt, ist nicht nur mit einem gewissen Aufwand verbunden (ich habe die Mengen daher für acht bis zehn Personen berechnet), die Maguay-Blätter, die hierzu benötigt werden, sind in unseren Breiten schwer bis gar nicht aufzutreiben. Trotzdem möchte ich Ihnen zunächst die Originalzubereitung schildern und Ihnen anschließend einige Tips geben, wie sich das Ganze auch hier einigermaßen adäquat zubereiten läßt.

Kochgrube

Im Freien ein etwa 60 auf 60 Zentimeter großes und etwa doppelt so tiefes Loch graben und den Grund der Grube mit möglichst porösen Steinen auslegen. Ein kräftiges Holzfeuer entfachen und so lange brennen lassen, bis nur noch die glühende Holzkohle übrig ist. Mit Maguay-Blättern abdecken, einen Grillrost darüberlegen und darauf den gefüllten Tontopf stellen. Die Grube bis zum Rand mit Maguay-Blättern füllen, mit einer Bastmatte und einer Schicht Erde abdecken und über dieser Erde ein neues Holzfeuer entzünden, das rund fünf Stunden brennen muß.
Für die Füllung des Tontopfes gibt es zwei Varianten:

Azteken-Topf (Barbacoa)

300 g Maiskörner, 300 g Erbsen (eingeweicht), 500 g Mohrrüben (grob gewürfelt), 500 g Kartoffeln (roh, in dicke Scheiben geschnitten), 1800 g Lammfleisch (Rücken, Schulter, Keulen, groß gewürfelt), Salz, Pfeffer, Koriander, 1/4 bis 1/2 l Pulque, Maguay-Blätter.

Die Zutaten in der angegebenen Reihenfolge in den Topf schichten, das Fleisch kräftig (!) würzen, mit Pulque übergießen, den verbleibenden Platz im Topf mit Maguay-Blättern auffüllen und den Topf mit einem Holzdeckel verschließen.
Diese Version ist in der Gegend von Panama bis Nordmexico beheimatet, wobei vor der spanischen Eroberung und der Christianisierung selbstverständlich anstelle von Lammfleisch Menschenfleisch verwendet wurde, das, wie alte Indios versichern (woher wissen sie das eigentlich?), dem Ganzen erst den »richtigen« Geschmack gibt.

Inka-Topf (Pachamanca)

900 g Hammel- und 900 g Schweinefleisch (groß gewürfelt), Salz, Pfeffer, Cayennepfeffer, 300 g Maiskörner, 500 g Kartoffeln (roh, in dicke Scheiben geschnitten), 150 g Yuccawurzel (in dünne Scheiben geschnitten), 500 g Kürbis (grob gewürfelt), 200 – 300 g Bananen oder Pfirsiche.

Die Zutaten in der angegebenen Reihenfolge in den Topf schichten, das Fleisch kräftig (!) würzen und den verbleibenden Platz im Topf ebenfalls mit Maguay-Blättern auffüllen und den Topf mit einem Holzdeckel verschließen.
Diese Version ist im Süden von Panama an der Küste des Pazifik von Columbien bis Peru zu Hause.
Auch hier war vor der spanischen Conquista ein Drittel bis eine Hälfte Menschenfleisch üblich, denn die Indios waren von Alaska bis Feuerland – auch wenn dies die heutige Geschichtsschreibung so weit als irgend möglich zu verheimlichen trachtet – Kannibalen, und dies keineswegs nur im kultischen Bereich, sondern bis auf ganz, ganz wenige Ausnahmen im ganz normalen, volksnahrungsmäßigen Sinn.

Betrunkene Soße (Salsa borracha)

3 Tassen Pulque, 3 mittelgroße Zwiebeln (so fein als möglich gehackt), 3 EL Olivenöl, Salz, Paprika (scharf), Schafs- oder Ziegenkäse (zerbröckelt, Menge nach Geschmack).
Zutaten mischen und möglichst glatt verquirlen und extra zu dem Gericht reichen.

Europäische Zubereitung

Da hierzulande die Blätter der Maguay-Pflanze, einer Agavenart, kaum zu bekommen sind – und auch ein entsprechendes Äquivalent fehlt –, mag man sich mit dicken Kohlblättern behelfen.
Wem der Aufwand mit der originalen Erdgrube zu groß (oder wem sie mangels Garten unmöglich) ist, der mag die Zubereitung im Tontopf (Römertopf) bei sehr sanfter Unter- und ein wenig größerer Oberhitze im Backofen versuchen.

Drei Minuten

Man schrieb den 7. Juni 1692, es war 17 Minuten vor zwölf Uhr mittags.

In dieser Minute wurden die Befestigungen und Gebäude von Port Royal von einem ersten Erdstoß erschüttert, dem binnen Sekunden ein zweiter und dritter folgten. »Die Erde hob und senkte sich wie die Wogen des Meeres, Spalten öffneten und schlossen sich in blitzschneller Folge, Menschen wurden von ihnen verschlungen oder eingeklemmt und zu Tode gepreßt. Aus der Entfernung grollte das Geräusch fallender Berge, und der Himmel überzog sich mit einem stumpfen Rot, wie ein glühender Ofen«, schilderte ein Überlebender.

Von Fort Carlisle am einen bis zum Fort James am anderen Ende der Halbinsel versank Küstenstreifen um Küstenstreifen im Meer. Eine Springflut raste von See her über die Stätte der Verwüstung. Drei Minuten nach dem ersten Erdstoß waren zwei Drittel der Stadt in den Fluten versunken, 12000 Menschen tot unter den Trümmern begraben oder von Wasserstrudeln fortgerissen und ertrunken.

Zurück blieb eine schmale, stellenweise nur wenige Meter breite Landzunge, gebogen wie eine schartige Säbelklinge. Port Royal, die »sündigste Stadt der Welt«, hatte aufgehört zu existieren und mit ihr der größte Teil der karibischen Piratenflotten. Wenige Jahre später vermerkte eine Seekarte hinter dem Namen von Port Royal nur ein einziges Wort:

»sunk« – »gesunken«.

DIE LONG-DISTANCE-PIRATEN RUND UM AFRIKA

Ende des 17. Jahrhunderts war die große Zeit der Karibik endgültig vorbei, Spanien war wirtschaftlich ausgepumpt, die Silberflotten bekamen Seltenheitswert, und für Großbritannien – mittlerweile zur Seemacht mit Weltgeltung aufgerückt – begann der von fremden Seeräubern angerichtete Schaden ganz entschieden den Nutzen der eigenen Piraten zu übersteigen. Deshalb erschien es zweckmäßig, das ganze System als »widernatürlich und mit Gottes Gebot unvereinbar« zu verurteilen und zu verfolgen. Prominentestes Opfer war Kapitän William Kidd, der als Pirat gehängt wurde, obwohl er, allen seriösen Quellen zufolge, gar keiner war.

Long Ben Avary

Nach Lage der Dinge wurde es Zeit, daß sich die Piratenkapitäne nach neuen Jagdgründen umsahen, und die tüchtigsten unter ihnen fanden diese für eine Weile rund um Afrika und im Indischen Ozean, Fahrten, die wegen der großen Entfernungen nur mit erstklassigen Schiffen, Kapitänen und Mannschaften zu bewältigen waren; man nannte diese Männer daher auch »Long-distance-Piraten«.
Der bekannteste unter ihnen ist wohl Long Ben Avary.
Er hieß eigentlich Henry Avary und war Segelmeister auf Seiner Majestät Fregatte *Charles* gewesen. In einer Meuterei entledigte er sich des Kapitäns, taufte das Schiff in *Fancy* um und nannte sich Long Ben – offensichtlich in der Absicht, seine Gegner zu irritieren, denn »Long« Ben war in Wirklichkeit klein und dicklich.
Die Eroberung des mit 62 Kanonen und 400 Soldaten bestückten größten indisch-arabischen Mogulschiffes *Gangisawi* wirbelte, auch international, ganz schön Gischt auf. Ein Besatzungsmitglied Long Bens bekannte später in London beim Pro-

LONG
BEN
AVARY
IB

zeß gegen zwei Dutzend Männer der *Fancy:* »Wir folterten eine Menge Juwelen heraus, darunter einen Sattel und Zaumzeug, voll Rubinen besetzt, ein Geschenk des türkischen Sultans für den Großmogul. Und überall lagen unsere Leute mit den Weibern an Deck herum, von denen einige, den Preziosen und dem Benehmen nach, von besserer Klasse waren als der Rest.« Nun, dieser Mann trat gegen Straffreiheit als Kronzeuge auf, und dafür mußte er dem Gericht schon etwas bieten, während andere Chronisten Long Ben als einen der »humansten Piraten der Geschichte« schildern – die Wahrheit lag wohl in der Mitte.

Wäre Long Ben Avary geblieben, wo er war, er hätte sich einen schönen Lebensabend machen können, doch er hatte Heimweh nach England, und das wurde etlichen seiner Männer zum Verhängnis. Zwar war er klug genug, die *Fancy* gegen eine unauffällige Slup zu vertauschen, doch seine Männer konnten den Mund nicht halten, und so wurden alsbald 24, deren man habhaft werden konnte, verhaftet und vor Gericht gestellt. Sechs wurden gehängt, wenige freigesprochen, der Rest nach Virginia zur Zwangsarbeit deportiert.

Long Ben Avary selbst ist nie gefaßt worden. Er tauchte als Mr. Bridgeman unter und fiel nun seinerseits höchst ehrenwerten »Piraten« in die Hände: Eine Quäkergemeinde nahm den reichen, wenn auch etwas zwielichtigen Mr. Bridgeman in ihre Reihen auf, traktierte ihn mit Bibelsprüchen und hielt ihn zu tätiger Reue an, die er in Form von kostbaren Juwelen abzuleisten hatte. Irgendwann um das Jahr 1710 starb Henry Avary alias Long Ben alias Bridgeman in einem armseligen Hinterhaus. Unter frommen Chorgesängen und Bibelworten wurde er zu Grabe getragen – ohne Sarg, denn dazu reichte das Geld, das er hinterlassen hatte, nicht mehr aus.

Sauerkraut gegen Skorbut

Große kulinarische Erleuchtungen gingen von Long Ben Avary und seinen Kollegen Thomas Tew, Long Dick, William Kidd (falls man ihn so bezeichnen will), dem Glückspilz Christopher Condent oder dem Pechvogel Edward England nicht aus, und doch zeichneten sie für eine der wichtigsten Neuerungen der Bordküchen verantwortlich: das Sauerkraut.

Jahrhundertelang war die Geißel aller Seefahrer, insbesondere auf langen Strecken, der Skorbut, eine Vitamin-C-Mangelkrankheit, die mit bleierner Müdigkeit begann, sich mit Fieber, geschwollenen Beinen, faulendem Zahnfleisch, Geschwüren, Zahnausfall fortsetzte und bis zum Tod führen konnte, und bis weit ins 18. Jahrhundert hinein sind mehr großangelegte Expeditionen am Skorbut gescheitert als an Stürmen, Klippen und feindlichen Eingeborenen.

Dabei war das Mittel gegen Skorbut längst bekannt, ehe James Cook den offiziellen Beweis erbrachte, als er, dank bis zu 20000 Pfund Sauerkraut an Bord, auf seinen mehrjährigen Südsee-Expeditionen keinen einzigen Mann durch Skorbut verlor.

Seine Gewährsleute und Vorbilder waren Long Ben, Tew und Co. gewesen!
Hier sei ein kleiner Exkurs erlaubt: Sauerkraut stammt nicht aus Deutschland, wie vielfach angenommen, auch wenn es hier zuerst in Europa bekannt und beliebt wurde, sondern aus China, wo man beim Bau der Großen Mauer im 3. vorchristlichen Jahrhundert den Weißkohl, eines der Hauptnahrungsmittel der mit dem Bau beschäftigten Kulis, mit Reiswein versetzte, um ihn über den Winter haltbar zu machen. Über ein Jahrtausend später begeisterten sich die Mongolenhorden Dschingis-Khans so sehr an diesem konservierten Kraut, daß sie es auf ihren Kriegszügen tonnenweise mitschleppten und, als ihnen der Reiswein ausging, einsalzten und gären ließen. Die Züge der Mongolen führten bis Schlesien und Ungarn, und dort lernten die Deutschen, eben als erste Europäer, dieses Sauerkraut kennen…
Doch zurück zur mehr oder minder Christlichen Seefahrt und den Sauerkrautrezepten für die Bordküche:

Sauerkraut in Hafennähe

750 bis 1000 g Sauerkraut, 50 g Schweineschmalz, 2 Zwiebeln (grob gehackt), evtl. 1 Knoblauchzehe (fein gehackt), 250 g Äpfel, (klein geschnitten), 8 Wacholderbeeren, 4 Pfefferkörner, 300 g geräucherter Schweinebauch (klein gewürfelt), 200 g weißer Speck (geräuchert, klein gewürfelt), evtl. 100 g Knoblauchwurst (gewürfelt), 1/4 l Fleischbrühe oder 1/4 l Weißwein, Salz, Pfeffer, Zucker (nach Geschmack), 3 EL süße Sahne

Zwiebeln in Schmalz anbraten, Kraut zugeben und andünsten, die restlichen Zutaten zugeben, gut durchmischen und zugedeckt bei mittlerer Hitze 30 Minuten kochen lassen, in den letzten 10 Minuten Sahne zugeben.

Sauerkraut auf mittlerer Fahrt

Zusammensetzung und Zubereitung bleiben gleich, nur entfallen die leicht verderblichen Lebensmittel wie Äpfel, Sahne und Wurst, der Schweinebauch wird durch die gleiche Menge Pökelfleisch ersetzt. Kein Salz verwenden! Pökelfleisch ist salzig genug.

Sauerkraut auf großer Fahrt

Nun entfallen auch Knoblauch, Zwiebel und Speck, die Wacholderbeeren werden durch 2 TL Kümmel ersetzt (Kümmel ist auch bei den früheren Varianten möglich), und kurz vor dem Anrichten werden 200 g feingestoßener Zwieback untergemischt.
Wer es ganz original haben will, der muß nun stark ranziges Schmalz verwenden und anstelle der Fleischbrühe das (faulige!) Wasser, in dem das Pökelfleisch gewässert wurde.

DIE PIRATENFÜRSTEN DES INDISCHEN OZEANS

Angeregt durch die europäisch-amerikanischen Vorbilder, gewann der kriegerische Stamm der Mahratten in Indien Geschmack an der Seeräuberei, und bald war kein Schiff der englischen, holländischen und französischen Ostindienkompanien, aber auch die reich beladenen Segler der Mogulherrscher mehr vor ihnen sicher.

Konadji Angria

Als dann noch ein tüchtiger Organisator, sein Name war Konadji Angria, die Sache in die Hände nahm, konnte der Indische Ozean in der Unsicherheit der Seewege bald mit der Karibik und dem Mittelmeer konkurrieren. Angria ließ an der Malabarküste südlich von Bombay Festungen bauen und befestigte Häfen anlegen und gebot über eine Flotte von über 100 schwerbewaffneten Schiffen, deren Befehlshaber nicht selten Europäer waren.

Der berühmteste dieser Männer war Angrias »Großadmiral«, ein gewisser James Plantain, der mit Long Ben Avary in den Indischen Ozean gekommen war, eine Weile auf Madagaskar ein »Königreich« regiert hatte und sich schließlich, als die englischen Kriegsschiffe allzu zahlreich wurden, mit »Königin« Eleonore, der Tochter des Piraten Long Dick, seinen besten Beutestücken und ein paar Getreuen zu Angria abgesetzt hatte.

Der Prunk und der Aufwand mit juwelenglitzernden Palästen, riesigen Harems, Tänzerinnen, Elefanten, protzigen Festen und Gastmählern wurde weder vor- noch nachher von irgendwelchen Seeräubern überboten, und was den »Fürsten« Angria recht war, war ihren Kapitänen und Admirälen nur billig.

Zwei Generationen, bis 1756, dauerte die indische Piratenherrlichkeit, ehe ihr die Engländer ein Ende bereiten konnten.

Ein großes Menü

Zunächst ein paar grundsätzliche Anmerkungen zur indischen Küche:

Auf die Demonstration von Reichtum und Macht wurde gerade in Indien von alters her ungeheurer Wert gelegt, was sich nicht zuletzt in einer Unzahl

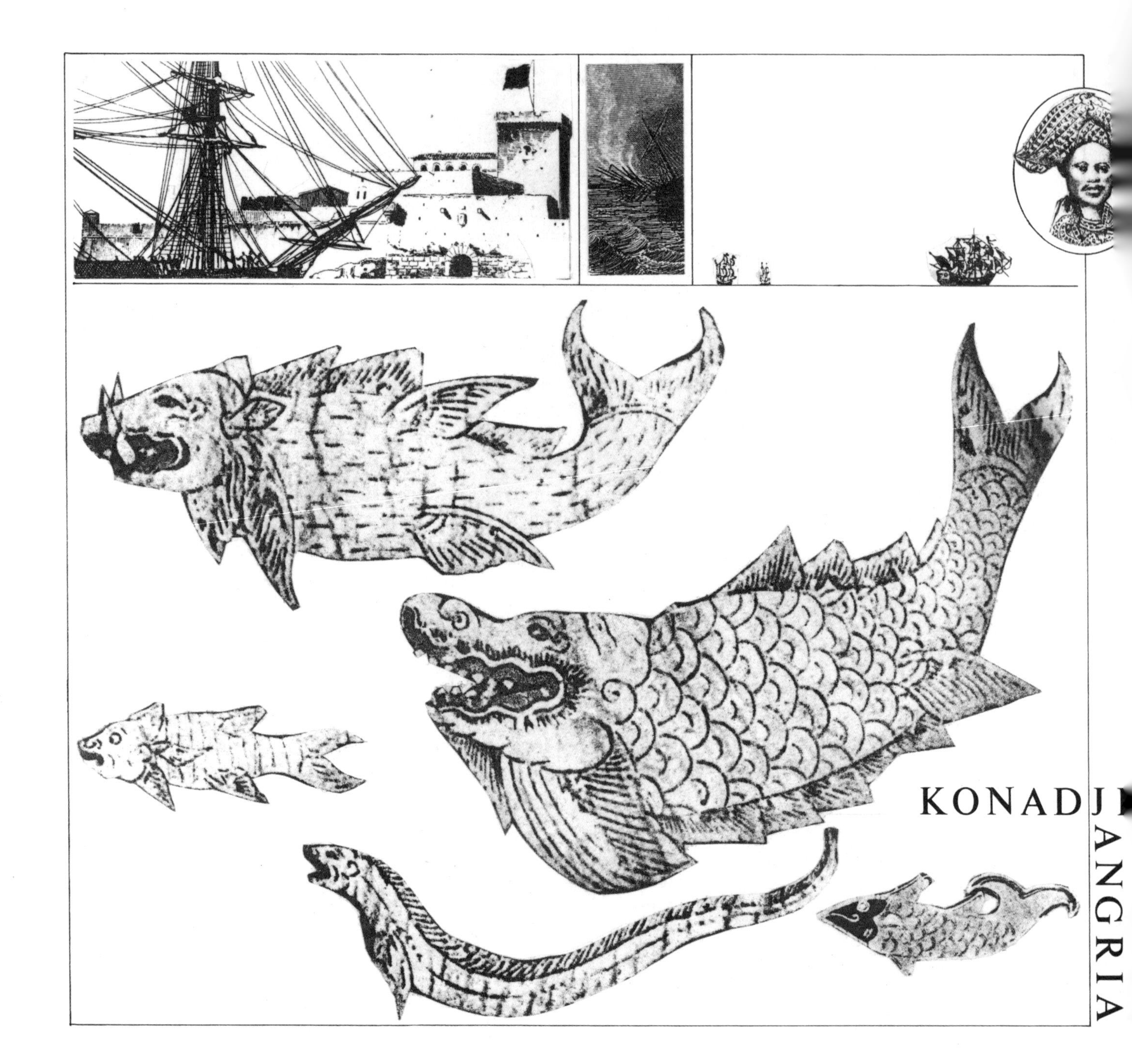

KONADJI ANGRIA

von Dienern ausdrückte, die bei den Mahlzeiten servierten und von denen jeder ein anderes Gericht oder eine andere Beilage trug. Mit der Schmackhaftigkeit des Essens hat dies glücklicherweise nichts zu tun, sonst wäre es wohl schwierig, heute eine gute indische Mahlzeit anzubieten.
Im Gegensatz zur europäischen Gepflogenheit werden die Gerichte nicht nacheinander, sondern alle gleichzeitig auf einer großen Messingplatte serviert, man ißt – mit den Fingern! – das, worauf man eben Lust hat, ohne an irgendeine Reihenfolge gebunden zu sein, wichtig ist nur eine möglichst große Vielfalt der Geschmacksrichtungen, von brennend scharf bis extrem süß.
Auf solch einer Platte würde für 4 bis 6 Personen beispielsweise stehen:

Krabben-Bhajia

250 g Krabben (gekocht, geschält, in etwa 3 bis 4 Stückchen geschnitten), 1 TL Kurkuma, 1 Zwiebel (fein gehackt), 1 TL grüne Minze (fein gehackt), 2 Tassen Mehl, 1 Prise Cayennepfeffer, Salz, 1 Knoblauchzehe (zerdrückt), 2 Eier (geschlagen), Öl, evtl. etwas Milch

Mehl, Kurkuma, Zwiebel, grüne Minze, Pfeffer, Knoblauch und Eier zu einem Teig vermengen, falls er zu dick wird, mit Milch auflockern, Krabben einmischen, mit Salz abschmekken. In reichlich sehr heißem Öl jeweils einen Löffel voll der Mischung goldbraun braten.

Milch-Curry

1 1/2 l Milch, 1/2 TL Kurkuma, 1 TL Kreuzkümmel (gemahlen), Saft von 3 Zitronen, 1 Zwiebel (fein gehackt), 3 Knoblauchzehen (fein gehackt), 2 EL Kreuzkümmel (gemahlen), 1 EL Koriander (gemahlen), 4 Scheiben Ingwer, 1 TL Kurkuma, Salz, 500 g Butter

Milch mit 1/2 TL Kurkuma und 1 TL Kreuzkümmel zum Kochen bringen, Zitronensaft zugeben und Milch gerinnen lassen, in ein Seihtuch geben, beschweren und 2 Stunden hängen lassen. Die trockenen Rückstände in 5 cm große Stücke schneiden, in Butter braten, herausnehmen. Zwiebel in der Butter goldbraun braten, die übrigen Zutaten zugeben, bei schwacher Hitze 10 Minuten kochen, Milchstücke zugeben, evtl. etwas Wasser, 20 Minuten garen.

Salz

In einem kleinen Schälchen.

Chappaties (Fladenbrot)

2 Tassen Weizenmehl, 2 Tassen Vollkornmehl, 1 TL Salz, 1/2 Tasse Butter (zerlassen), Wasser

Mehl und Salz in Schüssel sieben, Butter zugeben, 10 Minuten zwischen den Fingern reiben, kaltes Wasser zugeben, daß ein weicher Teig entsteht, mit feuchtem Tuch zudecken, 1 Stunde ruhen lassen. Teig gut durchkneten, 8 Bällchen formen, dünn ausrollen und in trockener Pfanne unter mehrfachem Wenden 6 bis 8 Minuten rösten.

Rosinen-Chutney

350 g Rosinen, 1/6 l Apfel-Essig, 2 TL Ingwer (gemahlen), 80 g brauner Zucker, 1 Knoblauchzehe (zerdrückt), 1/2 TL Cayennepfeffer, 1/2 TL Salz

Essig zum Kochen bringen, Rosinen zugeben und kochen, bis sie platzen, restliche Zutaten zugeben und bei milder Hitze 1 Stunde sanft kochen lassen.
Heiß oder kalt servieren.

Shrikhand (Joghurtcreme)

1/2 l Joghurt, 1 Prise Safran, 1/4 Tasse Zucker, 1 EL Mandeln (in Scheiben)

Zutaten vermischen, kalt servieren.

Kutcha Korma (scharfes Lamm)

500 g Lammkeule (in 3 cm große Würfel geschnitten), 1/4 Tasse Butter, 1 TL Ingwer (gemahlen), 1 EL Kreuzkümmel (gemahlen), 1 TL rote Pfefferschote (fein gehackt), 6 Kardamonkapseln (geschält), 1 TL Cayennepfeffer, 1/2 l Joghurt, 1 Zwiebel (in Scheiben geschnitten), 1 Knoblauchzehe (zerdrückt), 1 EL Koriander (gemahlen), 1 EL Tomatenmark, 1/2 TL schwarzer Pfeffer, 6 Nelken, Salz, 2 Tassen Wasser

Außer Butter und Zwiebel sämtliche Zutaten vermischen. In einem tiefen Topf Zwiebel in Butter goldbraun braten, alle anderen Zutaten und 2 Tassen heißes Wasser zugeben und bei mittlerer Hitze 30 Minuten garen lassen.

Zitronen-Achar

3 Zitronen, 60 g Senfkörner, 1 EL Kreuzkümmel, 1 TL Salz, 1 EL Pfefferkörner, 1 TL Cayennepfeffer, 1/4 l Öl

Gewürze mischen. Zitronen 4- bis 6mal bis fast (!) zur Mitte einschneiden, mit Gewürzmischung füllen. Öl zum Kochen bringen, Zitronen einlegen, zudecken und an einem warmen Ort 2 Wochen stehenlassen.

Reis

2 Tassen Langkornreis, 4 Tassen Wasser, 2 TL Salz, 2 EL Öl oder Butter

Wasser, Salz und Fett zum Kochen bringen, Reis zugeben, einmal umrühren, feuchtes, mehrfach gefaltetes Tuch darüberlegen, dann zudecken und bei mittlerer Hitze ca. 15 Minuten kochen.

Zwiebel-Sambal

8 EL Zwiebel (fein gehackt), Salz, 4 Pfefferminzblätter (fein gehackt), etwas Zitronensaft

Zutaten gut mischen und 2 Stunden durchziehen lassen.

Auberginen-Curry

1 Aubergine (in 5 cm große Würfel geschnitten), 4 EL Öl, 1 EL Tomatenmark, 1/2 TL Ingwer (gemahlen), 1/2 l Joghurt, 2 Zwiebeln (in Scheiben geschnitten), 1 EL Koriander (gemahlen), 5 Knoblauchzehen (fein gehackt), 1/2 TL Nelken (zerstoßen), 1/2 TL Kreuzkümmel (gemahlen), Salz

Zwiebeln in Fett goldbraun braten, dann alle anderen Zutaten zugeben und ca. 15 Minuten kochen.

Meeta Dhal (Erbsensuppe)

1 Tasse gelbe Erbsen, 6 Scheiben Ingwer, 1 Zwiebel (in Scheiben geschnitten), 2 grüne Pfefferschoten, 1 l Wasser, 1 Zwiebel (fein gehackt), 1 Knoblauchzehe (zerdrückt), 1 TL Kurkuma, 1/4 Tasse Öl, Salz

Erbsen mit Ingwer, Zwiebelringen und Pfefferschoten kochen, bis sie gar sind. Gehackte Zwiebel in Öl anbraten, Knoblauch, Salz, Kurkuma zufügen, 5 Minuten kochen, dann zu den Erbsen geben und unterrühren.

Raita (Joghurtspeise)

2 Gurken (geschält, in feine Scheiben geschnitten), 1 Zwiebel (fein gehackt), 1/2 TL Kreuzkümmel (gemahlen), 1/2 l Joghurt, 1/2 TL Salz

Zutaten gut vermischen.

Pulao mit Hühnerfleisch

500 g Hühnerfleisch (in kleine Stücke geschnitten), 4 Zwiebeln (in Scheiben geschnitten), 3 Tassen Langkornreis, 2 EL Joghurt, 1 TL Kurkuma, 3 TL Salz, 6 Tassen Wasser, 2 EL Butter, 3 TL Currypulver, 8 Nelken

Fleisch, 2 Zwiebeln, 2 TL Salz in 6 Tassen Wasser ca. 1 Stunde bei schwacher Hitze kochen, Brühe in eine Schüssel abgießen. Rest Zwiebeln in Butter anbraten, Kurkuma, Nelken, Curry, Rest Salz zugeben, einige Minuten sanft schmoren, Fleisch und Joghurt zugeben, 10 Minuten schmoren, Reis zugeben, 5 Minuten rühren, 2 Tassen Brühe zugeben, mit feuchtem Tuch und Deckel zudecken und sanft kochen lassen, bis alle Flüssigkeit verdampft und der Reis gar ist.

Kheer (Kokoscreme)

2 Tassen Milch, 2 EL Mandeln (gehackt), 2 EL Kokosflocken (ungesüßt[!], falls nicht zu bekommen, gesüßte Kokosflocken gründlich unter fließendem Wasser auswaschen), 1 EL Reismehl, 2 EL Pistazien (gehackt), 1/2 TL Rosenwasser

Milch zum Kochen bringen, langsam Reismehl zugeben, sobald die Mischung dick wird, Nüsse und Rosenwasser zugeben, nach einigen Minuten die Kokosflocken. Falls die Creme zu dick wird, mit etwas Milch auflockern.

Getränke

Die Zahl der indischen Getränke ist relativ gering.

Tee

Ist das Nationalgetränk schlechthin, normalerweise wird er mit Milch und Zucker getrunken, manchmal werden die Blätter zunächst sogar mit Milch gebrüht.

Toddy

Wird aus dem Saft verschiedener Palmarten gegoren und hat eine milchweiße Farbe.

Arrak

Ein hochprozentiges Destillat aus Reis- oder Palmsaft, beliebt im ganzen Mittleren Osten.

Bier

Wurde von europäischen Piraten eingeführt, in der Kolonialzeit von den Engländern kultiviert und ist heute auch – fast – ein Nationalgetränk.

TSCHIAO KUO-FU-JEN

CHING

龍

LAI
CHO
SAN

DIE PIRATEN-ADMIRALE DES CHINESISCHEN MEERES

Wenn ein europäischer oder amerikanischer Piratenchef 300 Männer unter seinem Kommando hatte, so war er in seinen Kreisen eine durchaus bedeutende Persönlichkeit. Wenn ein chinesischer Piratenchef 300 Schiffe(!) unter seinem Kommando hatte, so rechnete er unter seinesgleichen noch zur zweiten Kategorie, die wirklich Großen geboten über 600, 800, ja 1000 Schiffe!

Die Witwe Ching

Piraterie hatte im »Reich der Mitte« eine lange, ruhmvolle Tradition, und wenn sie sich gegen die Europäer oder auch gegen die verhaßte Dynastie der Mandschu-Kaiser richtete, auch noch einen höchst patriotischen Aspekt.
Auffallend auch, daß die Anführer der chinesischen Piraten immer wieder Frauen waren wie die Witwe Lo, die Anfang der 20er Jahre unseres Jahrhunderts von ihrem Mann ein einschlägiges Unternehmen geerbt hatte, oder ihre Nachfolgerin, Frau Lai Choi San, die noch zu Beginn des Zweiten Weltkrieges das Geschäft höchst erfolgreich betrieb.

Die berühmteste aller war freilich die Witwe Ching. Sie muß eine überragende Persönlichkeit gewesen sein, dazu eine gefeierte Schönheit, eine hervorragende Organisatorin und eine glänzende Strategin. Ihre eigentliche Kampfflotte umfaßte rund 600 Kriegsdschunken, die teilweise mit bis zu 25 Geschützen bestückt waren, dazu fast ebenso viele Transporter, Aufklärer, Versorgungs- und sogar eigene Küchenschiffe mit insgesamt über 60000 Mann an Bord, straff eingeteilt in sechs große Geschwader mit jeweils eigenen Flaggen und Abzeichen, wobei sie den goldenen Drachen auf rotem Grund ihrem eigenen Admiralsgeschwader vorbehalten hatte.
Zwischen 1800 und 1850 beherrschte Frau Ching souverän die Küsten vom Nordzipfel des Gelben Meeres bis zur Straße von Malakka hinunter, und wehe dem, der seinen Tribut nicht pünktlich zahlte! Daß sie die Reichen ausplünderte und die Armen in Ruhe ließ, wird ihr oft als »soziale« Haltung angerechnet, hatte aber wohl ganz schlicht praktische Gründe, denn was war bei einem Kuli schon an Beute zu holen? Übrigens sprach sie selber nie von »Beute«, nur von »übernommenen Gütern«.

Viermal schickte Kaiser Hsüan Tsung Kriegsflotten gegen die Witwe Ching, und viermal wurden die kaiserlichen Verbände vernichtend geschlagen.
Erst als der Kaiser ihr einerseits großzügigste Angebote und selbstverständlich vollen Pardon für alle Untaten anbot, andererseits durchblicken ließ, er werde sonst Engländer und Portugiesen in die Sache einschalten, verlegte sich Frau Ching aufs Verhandeln, löste schließlich ihre Flotte auf und zog sich nach Macao zurück, wo sie die Leitung eines Schmuggelunternehmens übernahm, das sie, wie hätte es anders sein können, binnen kurzem zu einem der größten Konzerne dieser Art entwickelte.

Ein großes Menü

Zunächst noch ein paar grundsätzliche Anmerkungen zur chinesischen Küche:
Die Zahl der an einer Mahlzeit Teilnehmenden bestimmt die Anzahl der Gerichte, nicht die Menge des einzelnen Gerichtes (hier eher reichlich angegeben). Für vier Personen rechnet man drei Gerichte plus Suppe, für je zwei weitere Personen ein weiteres Gericht. Sämtliche Gerichte werden gleichzeitig serviert, und man ißt sich »im Kreis herum«.
Selbstverständlich wird zu jedem Essen eine mehr oder minder große Schüssel Reis serviert.
Die Suppe ist nicht wie bei uns eine »Vor«-Speise, sondern eine »Nach«-Speise, die eventuell noch vorhandene Löcher im Magen füllen soll.

Alkoholika werden vor und nach dem Essen gereicht, zum Essen ausschließlich Tee, da dieser den Geschmack nicht beeinträchtigt.

Rülpsen ist ausgesprochen gesund(!) und in China, wenn es einem geschmeckt hat, nach dem Essen obligatorisch.

Nun also ein Menü, wie es die Witwe Ching ihren Gästen oder ihren sechs Unterbefehlshabern geboten haben könnte, zubereitet nach den Regeln der Kanton-Küche:

Pai Zan Dschieh – Pochiertes Hähnchen

1 Hähnchen (800 g), Wasser, 3 Scheiben frischer Ingwer, 1 kleine Stange Lauch oder Frühlingszwiebel, 3 EL Reiswein, Salz

Wasser mit Lauch und Ingwer zum Kochen bringen. Hähnchen einlegen (muß mit Wasser bedeckt sein), Salz und Reiswein hinzufügen. 5 Minuten kochen, dann den Topf vom Feuer nehmen und das Hähnchen 1 bis 2 Stunden im Sud ziehen lassen. Herausnehmen und in mundgerechte Stücke zerteilen, auf einer Platte anrichten und mit der Soße übergießen.

Knoblauchsoße

3 EL dunkle Sojasoße, 2 TL Chilisoße, 3 Knoblauchzehen (fein gehackt), 1 Prise Zucker

Zutaten mischen.

Pflaumensoße

1 EL Pflaumenmus, 1 EL Aprikosenmus, 1 TL frischer Ingwersaft, 1 TL Reisweinessig, 1 EL helle Sojasoße, Pfeffer

Zutaten mischen.

Sao Yü – Fisch in Kräutersoße

1 Fisch (Brasse besonders geeignet), 3 Scheiben frischer Ingwer, 1 TL Pfefferkörner, frischer Koriander, 1/2 Tasse Reiswein, Wasser, 1 EL helle Sojasoße, Salz, Wasserkresse

Fisch leicht salzen und 10 Minuten stehenlassen. In den Topf mit Koriander, Ingwer, Pfeffer und Reiswein legen und zu 2/3 (!) mit Wasser bedecken. Zum Sieden bringen, dann vom Feuer nehmen und 10 Minuten ziehen lassen, wenden, erneut zum Sieden bringen und wieder 10 Minuten ziehen lassen. Fisch herausnehmen und auf eine heiße Platte legen, 1/2 Tasse Fischsud mit Sojasoße mischen, den Fisch damit übergießen und reichlich mit Wasserkresse bestreuen.

Kuo Twei – Kohl mit Schinken

300 g Chinakohl, 5 EL Hühner- (oder sonstige) Brühe, 1 EL Reiswein, 1 EL helle Sojasoße, 1 TL Stärke, Öl zum Braten, Salz, Pfeffer, 200 g roher Schinken

Kohl mit reichlich Wasser blanchieren und abschrecken. Aus Brühe, Reiswein und Sojasoße mit Stärke eine Soße anrühren. Kohl in der Pfanne kurz anbraten, mit Salz und Pfeffer würzen, mit der Soße löschen und Schinken auf das Gemüse legen. Bei mäßiger Hitze 10 Minuten dünsten.

Tzao Üh Yü – Gebratener Tintenfisch

400 g Tintenfisch, Wasser, 1 TL frischer Ingwer (gerieben), 1 EL helle Sojasoße, 1 EL Reiswein, 3 bis 4 schwarze Pilze, Öl zum Braten, 100 g Schweinefleisch (fein gehackt), 1/2 Tasse Bambussprossen (in Streifen), 1/2 Tasse Hühnerbrühe, 1 TL Zucker, 1 TL Essig, 1 EL Austernsoße, 1 TL Stärke (mit Wasser angerührt), Salz, Pfeffer

Tintenfische ausnehmen, Haut abziehen und gut waschen. Im Abstand von 1/2 cm kreuzweise einschneiden und in mundgerechte Stücke zerschneiden. 1 l Wasser zum Kochen bringen und unter ständigem Umrühren Tintenfischstücke 1 Minute kochen, dann herausnehmen und abtropfen lassen. Ingwer, Sojasoße und Reiswein mischen, Tintenfischstücke einlegen und 15 Minuten ziehen lassen. Pilze einweichen, Kappen in Streifen schneiden. Öl in der Pfanne erhitzen, Salz einstreuen, Schweinefleisch anbraten, bis es die Farbe wechselt, Pilze und Bambussprossen zugeben und 1 Minute braten. Tintenfische mit Marinade zugeben, kurz weiterbraten. Hühnerbrühe und 1/4 Tasse Pilzbrühe zugeben, bei kleiner Hitze 1 Minute zugedeckt kochen. Zucker, Essig und Austernsoße zugeben, würzen und mit Stärke binden.

Dung Gu Tzao Dan – Rührei mit Pilzen

4 bis 6 schwarze Pilze, 1/2 Tasse Champignons, 5 Eier, 1 EL helle Sojasoße, Öl zum Braten, 1 Knoblauchzehe (fein gehackt), 1/2 TL Ingwer (fein gehackt), 1/2 Tasse Bohnensprossen, Salz, Pfeffer

Schwarze Pilze einweichen, Kappen in Scheiben schneiden, Champignons in Scheiben schneiden. Eier verquirlen, mit 3 EL Pilzbrühe und Sojasoße vermischen. Öl in der Pfanne erhitzen, Knoblauch und Ingwer kurz anbraten, Pilze zugeben, 1 Minute braten lassen. Bohnensprossen zugeben, 1 Minute braten lassen. Eier zugießen und braten lassen, bis sie fest sind, nach Belieben würzen. Mit frischem, fein geschnittenem Koriander bestreut ist das Gericht besonders delikat.

Suhng Youke – Schweinefleisch Suhng

250 g mageres Schweinefleisch, 1 Schalotte oder Frühlingszwiebel, 1 Bambussprosse, 100 g Wasserkastanien, 150 g grüne Erbsenschoten, Salz, Pfeffer, Sternanis, Fenchelsamen, Nelken, Zimt, Öl zum Braten
Soße: 1/2 Tasse Hühnerbrühe, 1 EL Reiswein, 1 EL helle Sojasoße, 2 TL Austernsoße, 1 Prise Salz, Zucker, 2 TL Stärke

Schweinefleisch grob hacken und würzen. Schalotte in feine Würfel, Bambussprossen in feine Streifen, Wasserkastanien in dünne Scheiben schneiden, Erbsenschoten halbieren. Soße anrühren. Wenig Öl in der Pfanne erhitzen, Fleisch 1 Minute anbraten und aus der Pfanne nehmen. Öl erneut erhitzen, etwas Salz einstreuen, Schalotte anbraten, je nach einer halben Minute Bambussprossen, Wasserkastanien und Erbsenschoten dazugeben, nach 1 Minute Fleisch dazugeben. Gut durchmischen. Soße dazugeben und weiterkochen, bis die Soße dick und glasig ist.

Yü Tang – Fischsuppe

500 g Meeresfrüchte (Fischstücke, ausgelöste Muscheln, geschälte Krabben), 3 schwarze Pilze, 5 Tassen Hühnerbrühe, 2 Scheiben Ingwer, 2 Tomaten (geschält), 2 Knoblauchzehen (zerdrückt), 1 EL grüner Pfeffer, 1 EL dunkle Sojasoße, 5 EL Reiswein, 1 EL Sesamöl, Salz, Pfeffer, Sternanis, Fenchelsamen, Nelken, Zimt, 1 Frühlingszwiebel, frischer Koriander

Meeresfrüchte gründlich waschen und säubern, Pilze einweichen und Stiele entfernen. Alle Zutaten außer der Frühlingszwiebel und dem Koriander in einem großen Topf zum Kochen bringen und bei kleiner Hitze zugedeckt 10 Minuten weiter ziehen lassen. Frühlingszwiebel und Koriander fein schneiden und darüberstreuen.

Chinesische Bordküche

Natürlich waren solche großen Schmausereien die festliche Ausnahme, die alltägliche Bordküche beschränkte sich in der Regel auf Reis und ein Gericht, doch wurde auch hier großer Wert auf Schmackhaftigkeit und Abwechslung gelegt, und da man sich in der Regel nicht allzuweit von der Küste entfernte, war auch der Nachschub an frischen Lebensmitteln gesichert.
Hier nun einige typische Bordgerichte:

Fan Tze Tsin Dän – Nudeln mit Eiern

100 g Glasnudeln, Wasser, 200 g Krabben (gekocht), 4 EL Reiswein, 2 Frühlingszwiebeln (fein gehackt), 6 Eier (geschlagen), 4 EL helle Sojasoße, 2 TL Sesamöl, Salz

Glasnudeln in fingerlange Bündel schneiden, 20 Minuten in warmem Wasser einweichen. Krabben in Reiswein marinieren. Alle Zutaten außer Sojasoße und Sesamöl mischen und 15 Minuten dämpfen, dann mit Sojasoße und Sesamöl beträufeln.

Ma Yi Sang Su – Ameisen auf dem Baum

500 g Glasnudeln, Wasser, 500 g Rinderhackfleisch, 2 EL helle Sojasoße, 2 EL Reiswein, 2 TL Sesamöl, 2 TL Stärke, 2 Frühlingszwiebeln (fein gehackt), 2 EL scharfe braune Bohnensoße, 1/2 TL Zucker, 2 Tassen Fleischbrühe, Öl

Glasnudeln in fingerlange Bündel schneiden, 20 Minuten in warmem Wasser einweichen. Hackfleisch, Sojasoße, Reiswein, Sesamöl und Stärke mischen und mindestens 20 Minuten stehen lassen. Frühlingszwiebel in Öl anbraten, Fleisch zugeben und 1 Minute scharf anbraten, Bohnensoße, Zucker und Nudeln zugeben, 1 Minute braten, mit Brühe ablöschen, 1 Minute weiterbraten.

Zeng Yü Yuen – Gedämpfte Fischbällchen

800 g Fischfilet, 2 EL Ingwer (grob geschnitten), 2 EL Reiswein, 4 schwarze Pilze (eingeweicht, fein gehackt), 2 EL Schalotten (fein gehackt), 2 Eiweiß, 2 TL helle Sojasoße, 2 EL Stärke, Salz, Pfeffer

Fisch mit Ingwer in Reiswein 15 Minuten marinieren, Ingwer entfernen, den Fisch fein hacken, mit den übrigen Zutaten vermischen und kleine Bällchen formen, die im Bambusdämpfer 7 Minuten gedämpft werden.

Tza Yü Yuen – Fritierte Fischbällchen

Fischbällchen wie oben zurichten, in feingehackten Mandeln wälzen und 4 bis 5 Minuten fritieren.

Tzao Fen – Gebratener Reis

4 Tassen gekochter Reis, Öl, 2 Eier (geschlagen) – Gemüse, z. B. Bambussprossen, grüne Erbsen (gekocht), schwarze Pilze, Paprikaschote usw. (alles klein geschnitten) – gegartes Hühnerfleisch, Krabben, Fischstücke usw. (ebenfalls klein geschnitten) – Salz, Pfeffer

Gemüse in Öl 2 Minuten anbraten, mit Salz und Pfeffer würzen. Reis 2 bis 3 Minuten anbraten, bis er »rieselt«, restliche Zutaten zugeben und ganz kurz fertigbraten.

Tzao Fen ist jene sprichwörtliche »Handvoll Reis« der chinesischen Unterschicht.
Tzao Fen ist außerdem ein typisches Resteessen, an Gemüse, Fleisch und Fisch kann man praktisch alles verwenden, was man eben zur Hand hat.

Getränke

Zum Essen wird, wie schon gesagt, Tee serviert, da er den Geschmack nicht beeinträchtigt; aber auch alkoholische Getränke haben in China eine lange Tradition.

Tee

Ist das Nationalgetränk schlechthin, vom unfermentierten grünen bis zum stark fermentierten schwarzen Tee.

Wein

Vergorene Getränke werden in China pauschal »Wein« genannt, gleichgültig, aus welchem Grundmaterial sie hergestellt sind.
Reiswein ist das wohl üblichste alkoholische Getränk, dem, wie so manche Gedichte und Lieder beweisen, die alten Chinesen durchaus auch weit über den Durst hinaus zuzusprechen liebten. Die bekanntesten Sorten sind der »Schaosching« (Gelber Wein) und Nüer Hong (Tochter Rot).
»Fen« ist ein klarer, ziemlich starker Schnaps, der heute noch nach dem Verfahren aus der Tang-Dynastie (618 bis 907 n. Chr.) gebrannt wird.
Berühmt sind auch die Fruchtweine und -schnäpse wie Pflaumenwein, Rosenwein, Litschiwein oder Ingwerwein.

Traubenwein und Bier

Die Weintraube kam vor etwa 2000 Jahren nach China, die Herstellung von Bier ist seit gut 4000 Jahren bekannt – zu populären Getränken sind sie beide nie geworden.

Yajiro

Nicht so zahlreich, dafür jeder einzelne um so gefährlicher, waren die japanischen Wakos.
Einer der berühmtesten von ihnen war ein gewisser Yajiro, der das chinesische Meer bis zur Straße von Malakka unsicher machte.
Aus seiner Jugend gibt es eine rührende Geschichte um ein schönes Mädchen und ein Eifersuchtsdrama mit tödlichem Ausgang für seinen Nebenbuhler. Das soll der Anlaß gewesen sein, daß Yajiro unter die Seeräuber ging. Ob die Sache stimmt, mag dahingestellt bleiben, geschichtliche Tatsache ist, daß er Anno 1549 den Hafen von Singapur anlief, um Frischwasser zu übernehmen. Und dort begegnete er einem Spanier in schwarzer Mönchskutte mit Namen Francisco Xavier, einem nahen Freund des Ignatius von Loyola und Mitbegründer des Jesuitenordens, den man später den »Apostel Asiens« nannte.
Yajiro war von diesem Mann tief beeindruckt, ließ sich bekehren und taufen und brachte auf seiner Piratendschunke den Priester schließlich nach Japan. Als Francisco Xavier das Land verlassen mußte, ernannte er den Expiraten, den man ob seiner sanften Stimme die »silberne Glocke«

nannte, zum Vorsteher der ersten japanischen Christengemeinde.
Sehr tief scheint das Taufwasser freilich nicht eingedrungen zu sein, denn, dem suggestiven Einfluß des Jesuiten entronnen, kehrte Yajiro sehr bald zu seinem alten Gewerbe zurück, raubte und plünderte die chinesische Küste auf und ab und fiel schließlich im Kampf gegen chinesische Seeräuber.

Keine Rezepte

Es ist zwar durchaus bekannt, was Yajiro und seine Wako-Kollegen gegessen haben, trotzdem werde ich nach reiflicher Überlegung in diesem Fall auf konkrete Rezepte verzichten.
Wie die gesamte japanische Kultur ist auch die japanische Küche so hochstilisiert in der jeweils auf die Jahreszeit bezogenen Komposition von Zutaten, Farben, Formen, Aromata, Geschirr, sogar den Freiräumen auf dem Teller, daß selbst ein Buch vom vorliegenden Umfang kaum nur als Einführung genügen könnte, und es ist kein Zufall, daß sich sogar in Japan nur wenige Hausfrauen zutrauen z.B. Sashimi, den berühmten rohen Fisch (übrigens eine Delikatesse!), selber zuzubereiten.
So möchte ich es hier bei ein paar grundlegenden Anmerkungen belassen.
Zentrum jedes japanischen Essens ist Reis (auch wenn man davon oft nur ein kleines Schälchen voll ißt) und Sake (Reiswein), der heiß getrunken wird.
Dazu kommt Fisch – ganz frisch roh oder gegrillt, sonst gebacken oder gekocht – und Gemüse, wobei das Angebot darin weitaus reichhaltiger ist als in Europa.
Keinerlei Tradition haben Fleisch, das erst Ende des 19. Jahrhunderts unter europäischem Einfluß in die Küche aufgenommen wurde, tierische Fette und Milchprodukte.

DIE NATIONALGERICHTE AUS PIRATENKOMBÜSEN

Fasolada, Labskaus, süße Forelle zu Rosh Hashana und etliche mehr wurden bereits erwähnt.
Doch auch andere »Nationalgerichte« stammen nachweislich aus den Kombüsen von Piratenschiffen, oder ihre Erfindung wird bekannten Piratenkapitänen zugeschrieben:

Får i kål – norwegischer Hammel- und Kohltopf

750 g Schaf- oder Hammelfleisch (gebrüht, gewürfelt), 500 g Zwiebeln (in Scheiben geschnitten), 750 g Kohl (gebrüht, in Achtelstücke geschnitten), Salz, 10 Pfefferkörner, 10 g Mehl, Wasser, 1 EL Petersilie (fein gehackt)

Fleisch, Zwiebeln und Kohl lagenweise in einen Topf schichten, Pfefferkörner jeweils auf das Fleisch, mit Kohl abschließen, mit Salz bestreuen, Topf zu zwei Dritteln mit Wasser auffüllen, in gut geschlossenem Topf 2 Stunden bei mäßiger Hitze schmoren. Aus Mehl und 1/16 l Wasser einen Brei anrühren, am Schluß zugeben, Gericht durchschütteln und mit Petersilie bestreuen.
Feinschmecker behaupten, dieses Gericht schmecke erst richtig, wenn es zum dritten Mal aufgewärmt ist.

Får i kål gilt als ausgesprochenes »Wikingerrezept«, auch wenn die Behauptung, daß es von dem berühmt-berüchtigten »nordischen Achill« Olav Tryggvasson (um 1000) stamme, wohl nur Legende ist.

ROBERT SURCOUF

Pizza Pescatore – italienische Fischer-Pizza

Teig: 500 g Mehl, 20 g Hefe, 1 TL Salz, 1 TL Zucker, 1/8 l Milch, 1/8 l Wasser, 1 bis 2 EL Öl
Belag: 2 EL Öl, Schnittkäsescheiben, Scampischwänze (wenn man sie 2 Stunden in Zitronensaft, Öl, Salz und Pfeffer mariniert, wird das Fleisch erheblich zarter!), Sardellenringe, Tintenfischstücke (vorgekocht; wenn man sie vor dem Kochen kräftig mit einem Holzhammer bearbeitet, verlieren sie ihre Zähigkeit), Thunfischstückchen, Muschelfleisch (aus der Schale gelöst), Peperoni, Zwiebelringe, Oliven, Oregano, Reibkäse

Aus Mehl, Hefe und etwas angewärmter Milch einen Vorteig bereiten, den Sie gehen lassen. Restliche, leicht angewärmte Zutaten mit dem Teig verkneten und zweimal am warmen Ofen gehen lassen. Runde Fladen von Tellergröße formen, mit Öl bestreichen, belegen, bei 200° im vorgeheizten Ofen 10 bis 12 Minuten backen, ein paar Minuten vor Ende der Backzeit mit Oregano und Reibkäse bestreuen.

Die harmlose Bezeichnung »Pescatore« (Fischer) trügt. Zwar gibt es die Pizza Pescatore heute in Dutzenden von Varianten entlang der italienischen, zumal süditalienischen Küsten, und manche von ihnen sind tatsächlich Kreationen harmloser Fischer, der erste freilich, der nachweislich einen flachen Fladenteig mit Meeresgetier belegen und so im Ofen backen ließ, war ein gewisser Carlo Montesano aus Portofino, der im späten 13. Jahrhundert als Staatspirat gegen den Königsmörder Charles d'Anjou kämpfte.

Tre Giorni – sizilianisch Mangoldtopf

500 g Mangold, 1/4 l Salzwasser, 750 g gemischtes Hackfleisch (Schwein, Rind, Hammel), 250 g Zwieback (zerstoßen; man kann auch Semmelbrösel verwenden), 200 g Parmesankäse (gerieben), 4 Eier, Petersilie (fein gehackt), Salz, Pfeffer, 1 1/2 l Fleischbrühe

Mangold mit kaltem Wasser abspülen, auf dem Sieb abtropfen lassen, bei mäßiger Hitze 3 Minuten in Salzwasser kochen, wieder abtropfen lassen, grob hacken. Aus den übrigen Zutaten kleine Klößchen formen und zusammen mit dem Mangold in der heißen Fleischbrühe etwa 10 Minuten ziehen lassen.

Als Erfinder dieses Rezepts gilt Roger de Flor (eigentlich Rüdiger Blum), der erfolgreichste Pirat deutscher Abstammung. Nach dem Untergang der Staufer als Kind in Italien hängengeblieben, arbeitete er sich mit Mut, Intelligenz, Zähigkeit und Glück zum Kapitän einer Piratengaleere empor, stieg zum Admiral und Kronrat König Federicos III. von Sizilien auf, setzte sich nach dem Frieden von Messina 1326 nach Byzanz ab, schlug mit seinen Piraten-Söldnern mehrfach die unaufhaltsam vordringenden Türken, erzwang sich den Titel eines »römischen Caesars« (d. h. Mitregenten des oströmischen Kaisers) und fiel schließlich dem Mordanschlag des byzantinischen Kronprinzen zum Opfer.

Polenta

400 g Maisgrieß, 1 1/2 l Wasser, Salz

In das kochende Salzwasser unter ständigem Rühren den Maisgrieß einschütten und unter ständigem Rühren (nur dann wird der Brei glatt und hängt nicht an) 1 Stunde(!) bei mäßiger Hitze kochen.
Polenta wird als Beilage gereicht, aber auch zu Nocken, Aufläufen, Fladen weiterverarbeitet oder in Scheiben geschnitten und in Öl leicht angeröstet.

Nach der Entdeckung Amerikas und damit der Entdeckung des Maises war Polenta dank seiner wenigen Zutaten – das Kochwasser holte man in der Regel direkt aus dem Meer – geradezu prädestiniert für Bordküchen aller Art. Mit Leuten, die sich wie Amerigo Vespucci auf spanischen Westindienfahrern und Verrazzano auf französischen Korsarenschiffen einnisteten, gelangte das Rezept nach Italien, wo es heute eine echte Volksnahrung ist.

Okra nach der Art Long Ben Avarys

500 g Okra (geputzt, gewaschen, ggf. halbiert), 1 EL Butter, Salz, 1 Msp Oregano, 1 EL Petersilie (fein gehackt)

Okra in Butter andünsten, knapp mit Wasser bedecken, würzen, gar kochen, Wasser abgießen und mit Petersilie bestreuen.

Okra (auch unter dem Namen »Gumbo«, den ihm die Neger gaben, bekannt) ähnelt unseren grünen Bohnen und eignet sich besonders als Fleischbeilage.

Okra stammt aus Ostafrika, wo es Long Ben Avary – von ihm war schon die Rede – »entdeckt« haben soll. Der Meisterpirat Bartholomew Roberts – möglicherweise eine Frau und mit 400 eroberten Schiffen der erfolgreichste Freibeuter der euro-amerikanischen Seeräuberszene – soll die Frucht durch Long Ben kennengelernt und nach Amerika gebracht haben, wo es nun schon seit langem als Gemüse beliebt ist. In dieser Form hat die Geschichte natürlich nicht stattgefunden, denn Avary (manchmal wird auch William Kidd genannt) ist Bartholomew Roberts nie begegnet (auch Kidd nicht). Läßt man freilich die prominenten Namen weg, so dürfte sich die Sache tatsächlich so abgespielt haben, denn es waren wirklich die im Indischen Ozean operierenden Freibeuter, die auf den Geschmack von Okra kamen, und der Export des Gemüses auf Piraten- und/oder Sklavenschiffen nach Amerika ist historisch belegt.

Bee-Oon Goreng – siamesisches Ragout

50 g Speck (gewürfelt), 200 g Schweinefleisch (gewürfelt), 100 g Hühnerbrust (gewürfelt), 200 g Garnelen (ausgelöst), 100 g Bohnenkeime, 1 Zwiebel (fein gehackt), 3 Knoblauchzehen (fein gehackt), 2 Lauchstangen (das Grüne fein gehackt, das Weiße in feine Streifen geschnitten), 15 g Ingwer (in feine Streifen geschnitten), 3 Piment (in feine Streifen geschnitten), 500 g Siam-Nudeln (aus Reismehl), Öl, 3 EL Fleischbrühe

Nudeln kurz in siedendes Wasser tauchen, Speckwürfel rösten, Nudeln zugeben und goldgelb und knusprig rösten, als Ring auf einer Platte anrichten. Schweine- und Hühnerfleisch in heißem Öl sehr scharf braten. Separat Zwiebel, Knoblauch, Lauch, Ingwer, Piment in Öl weichdämpfen, mit Fleisch vermischen, Fleischbrühe zugeben und leicht verkochen lassen. Separat Garnelen und Bohnenkeime in Öl rösten, zu dem übrigen Ragout geben und in der Mitte der Nudeln anrichten. Separat Sojasoße, Pfeffersoße und gesüßten Essig servieren.

Comte Claude de Forbin-Gardane, Freund und Kampfgefährte des schon fast legendären Jean Bart aus Dünkirchen und des kaum weniger berühmten Sieur René Duguay-Trouin aus St. Malo, schildert dieses Rezept in seinen Memoiren als eine seiner Leibspeisen. Ehe Claude de Forbin-Gardane zusammen mit Jean Bart und René Duguay-Trouin zum strahlenden Korsaren-Dreigestirn des Sonnenkönigs Louis XIV. aufstieg, hatte er eine Zeit in Siam, dem heutigen Thailand, verbracht als Opra Sac Sisom Cram, d.h. Großadmiral von Siam, Oberbefehlshaber der siamesischen

Armee und Gouverneur von Bangkok mit »36 Sklaven, zwei Elefanten, sieben Tänzerinnen und täglich zwei Wachskerzen zu seiner Verfügung«.

Hummer à la Armoricaine

1 Hummer von etwa 750 g, 1 EL Schalotten (gehackt), 6 Tomaten (geschält, ausgedrückt), Estragon, 2 TL Petersilie (fein gehackt), 1/2 l Kalbsbrühe, 1/4 l Weißwein (trocken), 1/2 l Fischfond, 2 EL Öl, 1 Tasse Cognac, 2 Knoblauchzehen (zerdrückt), Saft von 1/2 Zitrone

Schalotten, Tomaten, Estragon und Petersilie in Kalbsbrühe, Weißwein und Fischfond kurz kochen lassen. Hummer töten, aufbrechen und in einer Pfanne in Öl rösten, Öl abgießen und Hummerfleisch mit Cognac flambieren, Flambierfond zum anderen Sud geben. Hummerfleisch auslösen und zugedeckt warm halten. Hummergrün (Eingeweide) mit Knoblauch und Zitronensaft vermischt zum Sud geben, der jetzt nicht mehr kochen darf. Hummer in einer Schüssel anrichten und mit Sud übergießen.
Das Rezept wird heute oft als »Hummer à l'Américaine« geführt, das ist unsinnig, denn das Rezept wie sein richtiger Name stammen nicht aus Amerika, sondern aus Armorica, wie man früher die Bretagne nannte.

Der Korsaren-Reeder und Nationalheld Robert Surcouf aus St. Malo setzte einst Hummer à la Armoricaine einem gewissen General Napoleone Buonaparte vor, als sie das Konzept entwickelten, England durch Vernichtung seiner Wirtschaftsquellen in den Kolonien in die Knie zu zwingen. Die unmittelbare Auswirkung dieses Planes war der berühmte, jedoch wenig erfolgreiche Ägyptenfeldzug des einen und eine weniger prominente, dafür um so gewinnbringendere Kaperfahrt (eine von vier) in den Indischen Ozean des anderen. Höhepunkt des Unternehmens Buonapartes war sein Sieg bei den Pyramiden und die Vernichtung seiner Flotte vor Abukir. Höhepunkt des Unternehmens Surcoufs war die Eroberung des britischen Ostindienfahrers *Kent,* die ihm neben einer ungeheuren Beute einen Ehrendegen und das Kreuz der Ehrenlegion nebst Adelstitel von französischer Seite eintrug, von englischer die höchste Kopfprämie – 100000 Pfund (d.h. weit über eine Million Mark) tot oder lebendig (die freilich nie kassiert werden konnte) –, die je auf einen Piraten ausgesetzt wurde; Bronzedenkmal und Gedächtnisausstellung stiftete die bewundernde Nachwelt.

Bouillabaisse marseillaise – Marseiller Fischsuppe

150 g Fischabfälle (Kopf, Gräten, Haut, Flossen), 1 Bund Suppengrün (klein geschnitten), 1 Zwiebel (in Ringe geschnitten), 1 l Wasser, Salz, 1 Lorbeerblatt, 2 Pfefferkörner, 150 g Zander, 170 g Seeaal, 200 g Petermännchen oder Roter Knurrhahn, 170 g Goldbarsch, 150 g Merlan, 150 g Schellfisch, 100 g Heilbutt oder Steinbutt, 100 g Seeteufel, 100 g Seewolf, 150 g Drachenfisch oder Papageienfisch, Zitronensaft, Salz, 1 Zwiebel (fein gehackt), 1/2 l Wasser, 1/2 l Weißwein (eher herb), 1 Msp. Safran, 1 EL Öl, 3 Schalotten (grob gehackt), 1/2 Fenchelknollen (fein geschnitten), 1/2 Stange Lauch (fein geschnitten), 2 Tomaten (gehäutet, geachtelt), 3 Knoblauchzehen (zerdrückt), Schale einer 1/2 Orange (abgerieben), Thymian, 1 Lorbeerblatt, 1/4 TL Fenchel, 250 g Miesmuscheln (geputzt), 250 g Scampis (ausgelöst), 1/2 EL Mehl, Salz, weißer Pfeffer

Fischabfälle, Suppengrün, Zwiebel, Lorbeerblatt und Pfefferkörner in Salzwasser bei schwacher Hitze 20 Minuten kochen, durch ein Sieb gießen und Fischabfälle wegwerfen. Fischstücke salzen, mit Zitronensaft beträufeln, 10 Minuten ziehen lassen, in Stücke schneiden, mit gehackter Zwiebel und Safran in Wasser/Wein etwa 1/2 Stunde ziehen lassen. Schalotten in einem großen Topf (Eisentopf!) in Öl glasig werden lassen, Fenchel, Lauch, Tomaten und Knoblauch zugeben und 10 Minuten dünsten, nach 5 Minuten Orangenschale, Thymian, Lorbeerblatt, Fenchel zugeben, 5 Minuten mitdünsten, mit durchgegossener Fischbrühe ablöschen, Miesmuscheln zugeben, 10 Minuten ziehen lassen, Scampis zugeben, 5 Minuten ziehen lassen, Fischstücke mit festem Fleisch zugeben, 5 Minuten ziehen lassen, Fischstücke mit weichem Fleisch zugeben, 5 bis 7 Minuten ziehen lassen. Fischstücke, Muscheln und Scampis herausnehmen, Mehl mit sehr wenig Wasser verrühren, die Brühe damit binden, 5 Minuten kochen lassen, mit Salz und Pfeffer abschmecken. Man kann nun Fischstücke, Muscheln und Scampi entweder in die Brühe zurückgeben oder Meeresfrüchte und Brühe getrennt servieren.

Zahlreiche Bouillabaisse-Experten werden dieses Rezept nun selbstverständlich als grundlegend falsch bezeichnen – und haben damit natürlich recht, zumindest so lange, bis sich die Marseiller Bouillabaisse-Köche darauf geeinigt haben, welches der fünf oder sechs in der Stadt kursierenden Bouillabaisse-Rezepte denn nun tatsächlich das echte und originale sei (eine Entscheidung, die zuverlässig für den St.-Nimmerleins-Tag zu erwarten ist).

Bouillabaisse, die in Marseille nach einem halben Dutzend, im Löwengolf (Golfe du Lion) nach einem guten Dutzend Rezepten gekocht wird, gilt als das »piratischste« aller Piratenrezepte, und Marseille, das antike Massilia, erhebt dabei den Anspruch, das »Originalrezept« zu besitzen, ein Anspruch, der durchaus gerechtfertigt ist, denn Massilia-Marseille ist eine antik-griechische Gründung, und die griechischen Seefahrer-Piraten rühmten sich seit jeher, die Erfinder der Fischsuppe schlechthin zu sein.

So weit, so gut, nur hat der Name »Bouillabaisse« einen Haken, er stammt nämlich aus der altprovençalischen »Langue d'oc«, heißt dort »Bui-a-besso« und bedeutet wörtlich: »Koch und mach Schluß« – von Fisch ist dabei keine Rede, und so existiert sogar in Marseille eine »Bouillabaisse d'épinards«, die sich aus Spinat oder Mangold, Kartoffeln, Knoblauch, Fenchel, Salz, Pfeffer und Safran zusammensetzt, Fisch sucht man darin freilich vergebens, nicht einmal ein einsamer Fischkopf hat sich in diese Bouillabaisse verirrt… Interpretieren wir jedoch den Begriff »Bouillabaisse« als »Fischsuppe«, so könnte man durchaus – nur um im deutschen Raum zu bleiben – von einer Hamburger, Lübecker, Flensburger oder Bremer Bouillabaisse sprechen, da diese Städte ja auch reichlich mit Seeräuberei zu tun hatten.

Bremer Matelote

250 g Rotbarschfilet, 250 g Seelachsfilet, 250 g Seeaal (Fisch in große Würfel geschnitten), 100 g Krabben (ausgelöst), 100 g Miesmuschelfleisch, 125 g Champignons (gar gedünstet), 2 Zwiebeln (fein gehackt), 1 Karotte (in dünne Scheiben geschnitten), 2 EL Butter, Mehl, 2 Gläser Weiswein, 1 EL Obstschnaps, Salz

Zwiebeln und Karotte in 1 EL Butter andünsten und 15 Minuten in Salzwasser kochen, Hitze drosseln, so daß das Ganze nur noch dünstet, Fisch zugeben, restliche Butter schmelzen und mit Mehl verrühren, zum Fond zugeben, mit Wein auffüllen, Krabben, Miesmuschelfleisch und Champignons zugeben, erwärmten Obstschnaps entzünden und brennend darüberschütten, salzen. Im Teller über geröstete Weißbrotscheiben gießen.

Die Bremer »Matelote«, d. h. Matrosensuppe, ist seit dem späten Mittelalter, der Zeit Claus Störtebekers und seiner Genossen, fester Bestandteil der Küche der Hansestadt.

Viss-Waterzooie – niederländische Fischsuppe

1500 g verschiedene Seefische (Heilbutt, Seeaal, Rotbarsch, Schellfisch, Knurrhahn usw.), 1 Petersilienwurzel, 2 Zwiebeln (halbiert), 1 Lorbeerblatt, 1000 g Miesmuscheln, Salz, 1 Bund Suppengrün (in Streifen geschnitten), 2 Zwiebeln (grob gehackt), 60 g Champignons (in Streifen geschnitten), 2 EL Butter, 3 EL Mehl, 2 Eidotter, 1/8 l süße Sahne, Pfeffer, Muskat

Fischabfälle (Kopf, Gräten, Flossen, Haut) mit Petersilienwurzel, Zwiebeln und Lorbeerblatt 15 Minuten in Wasser auskochen. Muscheln in Wasser kochen, bis sie sich öffnen, Muschelfleisch aus der Schale lösen. Suppengrün und Champignons in Butter gar dünsten, Fisch in mundgerechte Stücke schneiden und darüber anrichten, Brühe durchseihen, mit Mehl und Eidotter binden, mit Pfeffer und Muskat abschmecken und über die Fischstücke geben.

Dieses Rezept gilt als eine Erfindung der Zeegeuzen, jener Niederländer, die sich in der zweiten Hälfte des 16. Jahrhunderts um Willem von Oranien-Nassau scharten, um in einem nach bester Piratenmanier geführten Freiheitskampf das unerträgliche Joch der spanischen Oberherrschaft über die Niederlande abzuschütteln.

Bouillabaisse à la St. Malo – Fischsuppe aus St. Malo

6 EL Öl, 5 Zwiebeln (fein gehackt), 1 Stange Lauch (fein geschnitten), 500 g Kartoffeln (in Scheiben geschnitten), 1 TL Thymian, 1 TL Bohnenkraut, 1 TL Fenchelkraut, 1 Lorbeerblatt, 2 Gewürznelken, 4 Knoblauchzehen (zerdrückt), 1 EL Selleriegrün (fein gehackt), 4 Tomaten (gehäutet, ausgedrückt, gewürfelt), 1000 g Seefische (Merlan, Makrele, Rotbarbe, Kablejau, Goldbarsch, Schellfisch, Steinbutt, Seelachs, Seeaal, Goldbrasse), 200 g Hummer- oder Krabbenfleisch, 1000 g Muscheln (Miesmuscheln und Herzmuscheln), 2 Tassen Weißwein, Pfeffer, 1 Msp. Cayennepfeffer, 1 l Fischsud, Weißbrotscheiben (geröstet)

Fischabfälle (Kopf, Flossen, Gräten, Haut) 15 Minuten in 1 l Wasser auskochen. In einer großen Kasserolle Öl erhitzen, Zwiebeln, Lauch, Kartoffeln, Tomaten, Knoblauch anbraten, Thymian, Bohnenkraut, Fenchelkraut, Lorbeerblatt, Nelken, Selleriegrün zugeben, Fisch und Hummer- bzw. Krabbenfleisch darauflegen und bei schwacher Hitze dämpfen lassen, mit Wein ablöschen, mit Pfeffer und Cayennepfeffer würzen, mit Fischsud auffüllen. Muscheln separat in Wasser kochen, bis sie sich öffnen, nach Wunsch aus der Schale lösen und zu den gar gezogenen Fischen geben, alles nochmals kurz leicht durchkochen lassen, mit gerösteten Weißbrotscheiben servieren.

Maurice de Kérazan beschrieb dieses Rezept als Leibgericht seines vertrauten Freundes, des Piraten-Reeders Robert Surcouf aus St. Malo, den wir bereits kennenlernten.

Und so schließt sich mit der Bouillabaisse der Bogen piratischer Kochkünste von den antiken Griechen in Massilia zu Robert Surcouf, dem letzten europäischen »Klassiker« seines Metiers.
Mir aber bleibt nur noch, Ihnen zu wünschen: Allzeit gute Beute im Kochtopf auf Ihrem heimischen Kombüsenherd!

REGISTER DER REZEPTE

NACH KAPITELN GEORDNET

Die Ausgeschlossenen aus der Neuen Welt

Die Boucanniers der Karibik

Die Long-Distance-Piraten rund um Afrika

Die Piratenfürsten des Indischen Ozeans

NACH GEOGRAPHISCHER HERKUNFT GEORDNET

Deutschland

Europa

Frankreich

Griechenland

Großbritannien

Indien

Italien

Jamaika

Getränke

NACH HAUPTZUTATEN GEORDNET

Stockfisch

Wild

Getränke alkoholisch

Getränke nichtalkoholisch

ALPHABETISCH GEORDNET